William MacDonald

ACHTE AUF DEN UNTERSCHIED!

Teil 4: Unterschiede in zukünftigen Ereignissen

Vorwort

„Bildung und Lernen bestehen darin, daß ihr lernt, immer genauer zu unterscheiden“, sagte ein Professor mit sehr bewegter Vergangenheit seinen Studenten, nachdem er schon Fallschirmjäger, Missionar in Frankreich, Chorleiter, Psychologieprofessor und Familienvater gewesen war.

Ein amerikanischer Hinterwäldler wird etwa nur zwei englische Dialekte unterscheiden können, nämlich „meinen“ und „deinen“. Die meisten von uns können mehr unterscheiden. Durch Reisen und die Medien haben wir gelernt, einen New Yorker Akzent von einem texanischen zu unterscheiden, und einen schottischen von einem aus Oxford, einen kanadischen von einem US-amerikanischen (was nicht immer ganz einfach ist). Und dann gibt es noch den legendären Henry Higgins aus dem Musical „My Fair Lady“, der genau wußte, aus welcher Gegend Englands jemand stammte und wohin er gezogen war - einschließlich des Vorortes von London, von dem er aus anrief.

In gewisser Weise ist das Verständnis des Wortes Gottes sehr ähnlich, obwohl hier natürlich die geistliche Dimension die notwendige Voraussetzung ist.

Das vorliegende Buch von William MacDonald hilft uns sehr, wichtige Unterschiede zu erkennen. Viele Menschen kennen noch nicht einmal den Unterschied zwischen dem Alten und dem Neuen Testament, und noch viel weniger kennen den Unterschied zwischen dem Gesetz des Volkes Israel und den Prinzipien der neutestamentlichen Gemeinde.

Diese Unterschiede finden sich wirklich im Wort Gottes. Der Autor hat es vermieden, Unterscheidungen finden zu wollen, wo keine sind.

Dieses Buch wird jeden ernsthaften Christen, der es sorgfältig liest, vor viel nutzlosem Kummer und unnötiger Verwirrung bewahren.

Art Farstad

Teil 1

Unterschiede in der Errettung

Kapitel 1

Die drei Zeitformen der Errettung

Wenn wir Christen werden, dann denken die meisten von uns, daß es nur *eine* Art der Errettung gibt, nämlich die Errettung unserer *Seele*. In unserem Bibelstudium versuchen wir dann ganz automatisch bei jedem Erscheinen des Wortes *Rettung* oder *Heil* diese Bedeutung anzuwenden. Doch früher oder später finden wir heraus, daß diese Bedeutung nicht immer paßt.

Dann erkennen wir, daß *Errettung* ein ganz allgemeines Wort ist, das soviel wie „Befreiung", „Sicherheit"oder „Gesundheit" bedeutet. Paulus benutzt das Wort für seine bevorstehende Entlassung aus dem Gefängnis (Phil 1,19):

„Denn ich weiß, daß dies mir zum *Heil* ausschlagen wird durch euer Gebet und durch den Beistand des Geistes Jesu Christi."

In Philipper 2,12 bedeutet „Heil" etwas völlig anderes: Es geht hier um die Lösung eines Problems, das sich in der Gemeinde in Philippi ergeben hatte. Es hatte einen ernsten Fall von Uneinigkeit gegeben (Phil 2,14; 4,2). Paulus erinnert die Christen daran, daß die Lösung dieses Problems darin besteht, die demütige, selbstaufopfernde Gesinnung des Herrn Jesus anzunehmen. Dann sagt er in 2,12:

„Daher, meine Geliebten, wie ihr allezeit gehorsam gewesen seid, nicht nur in meiner Gegenwart, sondern jetzt noch viel mehr in meiner Abwesenheit, bewirkt euer Heil mit Furcht und Zittern."

Mit anderen Worten: „Ich habe euch gesagt, wie man das Problem lösen kann, das euch bedrückt. Und nun bewirkt diese Problemlösung mit Frucht und Zittern."

An drei Stellen wird das Wort „Errettung" für eine Errettung vor dem Ertrinken benutzt:

„Als aber die Matrosen aus dem Schiff zu fliehen suchten und das Boot unter dem Vorwand, als wollten sie vom Vorderschiff Anker auswerfen, in das Meer hinabließen, sprach Paulus zu dem Hauptmann und den Soldaten: Wenn diese nicht im Schiff bleiben, könnt ihr nicht gerettet werden" (Apg 27,30-31).

„Durch Glauben bereitete Noah, als er eine göttliche Weisung über das, was noch nicht zu sehen war, empfangen hatte, von Furcht bewegt, eine Arche zur Rettung seines Hauses" (Hebr 11,7a).

„In diesem ist er auch hingegangen und hat den Geistern im Gefängnis gepredigt, die einst ungehorsam waren, als die Langmut Gottes in den Tagen Noahs abwartete, während die Arche gebaut wurde, in die wenige, das sind acht Seelen, durchs Wasser hindurch gerettet wurden" (1Petr 3,19.20).

Gott ist der Erretter aller Menschen in dem Sinne, daß er sie bewahrt und erhält:

„Denn dafür arbeiten wir und werden geschmäht, weil wir auf einen lebendigen Gott hoffen, der ein Retter aller Menschen ist, besonders der Gläubigen" (1Tim 4,10).

Doch interessiert uns besonders, wann das Wort „Errettung" oder „gerettet" im Sinne von „Befreiung von Sünde" benutzt wird. Dies ist wirklich eine sehr häufige Bedeutung im Neuen Testament.

Hier müssen wir lernen, zwischen den drei Zeitformen der Errettung zu unterscheiden - Vergangenheit, Gegenwart und Zukunft.

Vergangenheit - Ich bin von der Strafe für die Sünde errettet worden.

Gegenwart - Ich werde von der Macht der Sünde errettet.

Zukunft - Ich werde von der Gegenwart der Sünde errettet werden.

Vergangenheit

Hier haben wir einige Verse, die in erster Linie über die Errettung von der Strafe für die Sünde sprechen:

„Denn aus Gnade *seid ihr errettet* durch Glauben, und das nicht aus euch, Gottes Gabe ist es“ (Eph 2,8).

„[Gott], *der hat uns errettet* und berufen mit heiligem Ruf“ (2Tim 1,9a).

„Er errettete uns, nicht aus Werken, die, in Gerechtigkeit vollbracht, wir getan hatten, sondern nach seiner Barmherzigkeit durch die Waschung der Wiedergeburt und Erneuerung des Heiligen Geistes“ (Tit 3,5).

Man beachte, daß in allen drei Beispielen, das Wort „errettet“ in der Vergangenheitsform steht. Doch gibt es auch andere Verse, die von unserer Erlösung von der Strafe der Sünde sprechen, in denen das Verb aber *nicht* in der Vergangenheitsform steht.

„Und es ist in keinem anderen das *Heil*; denn auch kein anderer Name unter dem Himmel ist den Menschen gegeben, in dem *wir errettet werden müssen“* (Apg 4,12).

„Daß, wenn du mit deinem Mund Jesus als Herrn bekennen und in deinem Herzen glauben wirst, daß

Gott ihn aus den Toten auferweckt hat, *du errettet werden wirst*" (Röm 10,9).

Deshalb muß man nicht so sehr aus der *Verbform*, sondern eher aus dem *Inhalt* des Verses erschließen, ob die Vergangenheitsform der Errettung gemeint ist. Wenn es darum geht, daß wir ein für allemal vom Urteil über die Sünden errettet sind, dann weiß man, daß der Abschnitt sich auf die Vergangenheitsform der Erlösung bezieht.

Gegenwart

Obwohl natürlich gilt, daß ich errettet *worden bin*, gilt auch, daß ich jeden Tag neu errettet werde. Ich bin einmal vor der Verurteilung gerettet worden, und ich werde immer wieder vor Schaden gerettet. Ich bin von der Strafe der Sünde errettet, und ich werde ständig von der Macht der Sünde errettet. Ich bin errettet durch das vollendete Werk Christi am Kreuz, und ich werde ständig errettet durch sein Leben und seinen Dienst für mich zur Rechten Gottes. Das ist z. B. in Römer 5,10 gemeint:

„Denn wenn wir, als wir Feinde waren, mit Gott versöhnt wurden durch den Tod seines Sohnes, so *werden* wir viel mehr, da wir versöhnt sind, durch sein Leben *gerettet werden*."

Die Gegenwartsform der Errettung ist der Heiligung sehr ähnlich - es geht dabei um den Prozeß, für Gott von der Sünde und ihrer Verunreinigung getrennt zu werden. In Hebr 7,25 hören wir von diesem ständigen Prozeß der Rettung:

„Daher kann er auch völlig *erretten*, die durch ihn Gott nahen, weil er immer lebt, um sich für sie zu verwenden."

Noch ein anderer Vers, in dem wir die Gegenwartsform finden, ist 1. Korinther 1,18:

„Denn das Wort vom Kreuz ist denen, die verlorengehen, Torheit; uns aber, die wir *errettet werden*, ist es Gottes Kraft."

Zukunft

Schließlich gibt es noch den zukünftigen Aspekt der Erlösung. Wenn wir den Heiland von Angesicht zu Angesicht sehen, dann *werden* wir von der Gegenwart der Sünde errettet. Unser Leib wird erlöst und verherrlicht. Die folgenden Verse beschreiben den zukünftigen herrlichen Höhepunkt unserer Errettung:

„Denn jetzt ist unsere *Errettung* näher, als da wir zum Glauben kamen" (Röm 13,11b).

„Wir aber, die dem Tag gehören, wollen nüchtern sein, angetan mit dem Brustpanzer des Glaubens und der Liebe und als Helm mit der Hoffnung des Heils. Denn Gott hat uns nicht zum Zorn bestimmt, sondern zum Erlangen des Heils durch unseren Herrn Jesus Christus" (1Thes 5,8.9).

„[Er wird] zum zweiten Male ohne Beziehung zur Sünde denen zum Heil erscheinen, die ihn erwarten" (Hebr 9,28b).

„[Ihr], die ihr in der Kraft Gottes durch Glauben bewahrt werdet zur Errettung, die bereit ist, in der letzten Zeit geoffenbart zu werden" (1Petr 1,5).

Alle drei Zeitformen.

Wenn man Schwierigkeiten hat, einen Vers in eine dieser drei Kategorien einzuordnen, dann sollte man sich daran erinnern, daß er auf *alle drei Zeitfor-*

men angewendet werden könnte. Hier sind einige Beispiele:

„Und du sollst seinen Namen Jesus nennen; denn er wird sein Volk erretten von seinen Sünden“ (Mt 1,21).

„In ihm seid auch ihr, nachdem ihr das Wort der Wahrheit, das Evangelium eures Heils, gehört habt und gläubig geworden seid, versiegelt worden mit dem Heiligen Geist der Verheißung“ (Eph 1,13).

In solchen Fällen ist es nicht nötig, sich für eine Zeitform zu entscheiden, weil solche Verse sich gleichermaßen auf alle drei Phasen der Errettung beziehen.

Kapitel 2

Aspekte der Rechtfertigung

Das Neue Testament lehrt uns, daß wir durch Gnade, durch den Glauben, durch Kraft, durch Werke und durch Gott gerechtfertigt werden. Dies mag zunächst verwirrend erscheinen, wenn nicht sogar widersprüchlich, wenn wir nicht erkennen, daß es sich in jedem Falle um *unterschiedliche Aspekte desselben Themas* handelt.

Definition des Begriffes Rechtfertigung

Zunächst einmal, was bedeutet Rechtfertigung eigentlich? Rechtfertigen bedeutet: „für gerecht halten." Es bedeutet nicht, „gerecht machen", sondern „für gerecht erklären." Es handelt sich hier wirklich um einen juristischen Begriff, der aus der Justiz stammt.

Von selbst ist niemand gerecht. Wir selbst haben keine Gerechtigkeit. Doch wenn wir den Herrn Jesus Christus als Herrn und Heiland annehmen, dann erklärt uns Gott aufgrund des stellvertretenden Werkes Christi für gerecht. Wenn wir „in Christus" sind, dann kann Gott uns von rechts wegen für gerecht erklären, weil alle unsere Sünden auf Golgatha gesühnt worden sind. Der gläubige Sünder wird mit aller Gerechtigkeit Gottes bekleidet. „Den [Christus], der Sünde nicht kannte, hat er [Gott, der Vater] für uns zur Sünde gemacht, damit wir Gottes Gerechtigkeit würden in ihm" (2Kor 5,21).

Wie wir schon zu Anfang erwähnt haben, heißt es, daß die Gerechtigkeit durch die Gnade, durch den Glauben, durch das Blut, durch die Kraft, durch Werke und durch Gott bewirkt wird. Wie kann das auf sechs verschiedene Weisen geschehen?

Rechtfertigung durch die Gnade.

Als allererstes werden wir *durch Gnade* gerechtfertigt. In Römer 3,24 lesen wir: „Wir werden umsonst gerechtfertigt durch seine Gnade, durch die Erlösung, die in Christus Jesus ist." Das bedeutet, daß der Mensch es nicht verdient hat, errettet zu werden. Er kann die Errettung nicht durch Taten erwerben, sondern nur als Geschenk annehmen. Gnade ist die Grundlage, aufgrund derer Gott den Menschen rechtfertigt - vollkommen unverdient - ohne Gegenleistung, als Geschenk.

Rechtfertigung durch den Glauben

Zweitens geschieht die Rechtfertigung *durch den Glauben.* „Da wir nun gerechtfertigt worden sind aus Glauben, so haben wir Frieden mit Gott durch unseren Herrn Jesus Christus" (Röm 5,1). Das bedeutet, daß der Sünder die Rechtfertigung durch einen definitiven Akt des Vertrauens auf den Erlöser annehmen muß. Er muß bekennen, daß er selbst nur der Hölle würdig wäre und dann den Herrn Jesus als den annehmen, der die Strafe für seine Sünden am Kreuz auf sich genommen hat.

Die Gnade Gottes beugt sich zum schuldigen Menschen herab und bietet ihm die Rechtfertigung als Geschenk an, und zwar aufgrund des Erlösungswerkes Christi am Kreuz. Der Glaube des Menschen ist Bußfertigkeit, die sich nach oben ausstreckt und das Geschenk von Gott empfängt, ohne daran zu denken, daß man es wegen seines Charakters oder seiner Werke verdienen würde.

Rechtfertigung durch das Blut

Die Rechtfertigung geschieht auch durch das Blut. „Vielmehr nun, da wir jetzt durch sein Blut gerechtfertigt sind, werden wir durch ihn vom Zorn gerettet werden" (Röm 5,9). Das bezieht sich natürlich auf den Preis, der bezahlt werden mußte, damit wir gerechtfertigt werden konnten. Der sündlose Heiland vergoß sein kostbares Blut, um die Schuld zu bezahlen, die ich mit meinen Sünden aufgehäuft habe. Der übergroße Wert meiner Rechtfertigung zeigt sich in dem hohen Preis, der gezahlt werden mußte, um sie zu erlangen.

Rechtfertigung durch Kraft

Es gibt zwar kein Schriftwort, das ausdrücklich sagt, daß wir *durch Kraft* gerechtfertigt worden sind, doch ist diese Wahrheit in Römer 4,25 enthalten: „... der unserer Übertretungen wegen dahingegeben und unserer Rechtfertigung wegen auferweckt worden ist." Hier wird unsere Rechtfertigung in direkten Zusammenhang mit der Auferstehung Christi gebracht, und zwar zu Recht. Wenn Jesus nicht auferstanden wäre, wäre unser Glaube vergeblich und wir wären noch in unseren Sünden (1Kor 15,17). Deshalb ist unsere Rechtfertigung untrennbar mit der Kraft verbunden, die unseren Herrn Jesus von den Toten auferweckte. Deshalb sind wir berechtigt zu sagen, daß wir durch Kraft gerechtfertigt sind.

Rechtfertigung durch Werke

Wir werden *durch Werke* gerechtfertigt. „Ihr seht also, daß ein Mensch aus Werken gerechtfertigt wird und nicht aus Glauben allein“ (Jak 2,24). Hier scheint nun ein wirklicher Widerspruch vorzuliegen. Der Apostel Paulus lehrt unmißverständlich, daß wir nur durch den Glauben gerechtfertigt werden. Doch scheinbar lehrt Jakobus hier: „Das stimmt nicht, wir werden durch Werke gerechtfertigt.“ Doch *so* meint Jakobus das nicht. Er lehrt nicht, daß die Rechtfertigung in erster Linie durch gute Werke erworben wird. Auch sagt er nicht, daß wir aus Glauben *und* Werken errettet werden. Was er sagt ist, daß wir *durch den Glauben, der zu einem Leben der guten Werke führt*, gerechtfertigt werden.

Es ist völlig sinnlos, wenn jemand *behauptet*, er glaube, wenn er keine Werke hat, durch die er das beweisen kann. Die Menschen werden ihm nicht glauben. Diese Art zu glauben - d. h. ein Glaube nur mit Worten, ist wertlos (Jak 2,14-17). Der Glaube an sich ist unsichtbar, aber er wird durch Werke bewiesen (Jak 2,18). Abraham wurde gerechtfertigt, indem er dem Herrn glaubte (1Mo 15,6). Doch Jahre später bewies er, daß sein Glaube echt war, indem er bereit war, seinen Sohn Isaak als Brandopfer hinzugeben (1Mo 22,9-14). Rahab bewies die Echtheit ihres Glaubens, indem sie die israelischen Späher beherbergte und ihnen bei ihrer Flucht half (Jak 2,25). Wenn wir deshalb von der Rechtfertigung durch Werke reden, dann meinen wir damit, daß Werke ein äußeres Zeichen dafür sind, daß wir wirklich durch den Glauben gerechtfertigt worden sind. Die Werke sind dabei nicht die Ursache der Rechtfertigung, sondern die *Auswirkung*. Sie sind nicht die Wurzel, sondern die *Frucht*, die uns vor anderen Menschen rechtfertigt.

Rechtfertigung durch Gott

Schließlich werden wir *durch Gott* gerechtfertigt: „Wer wird gegen Gottes Auserwählte Anklage erheben? Gott ist es, der rechtfertigt." (Röm 8,33). Er ist derjenige, der uns für gerecht erklärt.

Zusammenfassung

Wenn wir all dies zusammen nehmen, dann sehen wir, daß das Neue Testament lehrt, daß wir gerechtfertigt werden durch:

Gnade - das bedeutet, wir haben es nicht verdient.

Glaube - das bedeutet, wir müssen es annehmen.

Blut - das bedeutet, es wurde durch den Tod des Heilandes erkauft.

Kraft - das bedeutet, daß die Auferstehung beweist, das Gott mit dem Werk des Heilandes ganz zufrieden war.

Werke - das bedeutet, daß wir, wenn wir wirklich durch den Glauben gerechtfertigt sind, gute Werke tun werden, die anderen die Echtheit unseres Glaubens beweisen.

Gott - das bedeutet, daß er denjenigen rechtfertigt, der an Jesus glaubt.

All diese Aspekte der Rechtfertigung sind in einem Lied ausgedrückt worden:

Gottes freie Gnade erwählte mich
für einen Platz im Himmel.
Es war sein guter Wille für mich.
Ich bin durch die Gnade gerechtfertigt.

Als die Zeit erfüllt war, starb Christus auf Golgatha.
Dort floß sein rotes Blut,
das das Schmutzigste weiß wie Schnee macht.
Ich bin durch das Blut gerechtfertigt.

Gott erweckte ihn auf, das ist die Garantie.
Sollten je böse Zweifel aufkommen,
seine Auferstehung vertreibt alle Furcht,
ich bin durch die Kraft gerechtfertigt.

Der Heilige Geist leitete mich
zu den Aussagen der Schrift.
Ich verstand die Wahrheit: Christus starb für mich!
Ich bin durch Glauben gerechtfertigt.

Wenn du nun zweifelst, daß ich Christus gehöre,
wenn nur ein Verdacht bleibt,
dann werde ich durch Taten zeigen, daß ich ihm gehöre -
ich bin durch Werke gerechtfertigt.

Ich preise den Herrn, der dies alles geschenkt,
die Gnade, den Glauben, das Blut,
die Kraft der Auferstehung, und die Werke:
Ich bin durch Gott gerechtfertigt.

Helen H. Shaw

Kapitel 3

Sieben Gerichte

Wenn wir die Bibel studieren, dann ist es wichtig zu erkennen, daß es viele verschiedene Arten des Gerichtes gibt, und daß diese je nach dem betroffenen Volk, der Zeit, den entsprechenden Orten, dem Grund des Gerichts und dem Ergebnis des Gerichts unterschieden werden müssen. Viele Leute behaupten z. B., daß das Völkergericht dasselbe sei, wie das beim Großen Weißen Thron. Wenn wir jedoch die Bibelstellen sorgfältig untersuchen, dann offenbart sich, daß sie ganz verschieden sind.

Sicherlich wird der sorgfältige Bibelleser erkennen, daß es nicht so etwas wie ein „allgemeines Gericht" geben wird, bei dem Gläubige und Ungläubige vor Gott stehen und ihr Urteil empfangen.

Hier beschäftigen wir uns mit sieben der wichtigeren Gerichte Gottes, die wir in der Bibel finden.

Das Gericht über die menschliche Sünde

Gott richtete auf Golgatha die Sünde, als der Herr Jesus die Strafe dafür an seinem Leib auf dem Kreuz trug. Der Heiland starb für die Sünden der Welt:

„Denn die Liebe Christi drängt uns, da wir zu diesem Urteil gekommen sind, *daß einer für alle gestorben ist* und somit alle gestorben sind. Und *für alle ist er gestorben*, damit die, welche leben, nicht mehr sich selbst leben, sondern dem, der für sie gestorben und auferweckt worden ist“ (2Kor 5,14.15; Hervorhebung vom Autor).

„Und er ist die Sühnung für unsere Sünden, nicht allein aber für die unseren, *sondern auch für die ganze Welt“* (1Joh 2,2; Hervorhebung vom Autor).

Als er starb, bezahlte er endgültig die Schuld für die Sünde. Sein vergossenes Blut erfüllte alle Ansprüche der Gerechtigkeit Gottes gegen die Sünde. Sein Tod ermöglichte es, daß Gott gottlose Sünder rechtfertigen konnte, ohne die Sünde zu übersehen oder seine Heiligkeit in Frage zu stellen. Sein Erlösungswerk hat unendliche Macht, Sünde hinwegzutun.

Doch Christi Werk am Kreuz erlöst nicht automatisch jeden. Sein stellvertretendes Werk ist *ausreichend*, um alle Sünden der Welt zu sühnen. Jedoch kommen nur diejenigen Menschen, die Buße tun und dem Herrn Jesus vertrauen, in den Genuß dieses Werkes.

Wenn ein Mensch Christus als seinen Herrn und Heiland annimmt, dann ist er für immer frei von der Schuld und Strafe der Sünde. Er wird niemals in das ewige Gericht für seine Sünden kommen, weil Jesus die Strafe getragen hat und Gott nicht zweimal bestraft. Der Gläubige erlangt durch den Glauben die Vergebung, die ein für allemal im Gericht gilt.

Das Selbstgericht des Gläubigen

Wenn jemand errettet worden ist, dann wird von ihm verlangt, daß er sich in seinem Leben stets selbst richtet. Das bedeutet, daß er Sünde bekennen und lassen muß, sobald er sich bewußt wird, daß er sie begangen hat. Das erwähnt Paulus in 1. Korinther 11,27-32:

„Wer also unwürdig das Brot ißt oder den Kelch des Herrn trinkt, wird des Leibes und Blutes des Herrn schuldig sein. Der Mensch aber prüfe sich selbst, und so esse er von dem Brot und trinke von dem Kelch. Denn wer ißt und trinkt, ißt und trinkt sich selbst Gericht, wenn er den Leib des Herrn nicht richtig beurteilt. Deshalb sind viele unter euch schwach und krank, und ein gut Teil sind entschlafen. Wenn wir uns aber selbst beurteilten, so würden wir nicht gerichtet. Wenn wir aber vom Herrn gerichtet werden, so werden wir gezüchtigt, damit wir nicht mit der Welt verurteilt werden."

Wir richten Sünde in unserem Leben, wenn wir anerkennen, daß wir sie getan haben, sie bekennen und sie hinwegtun. Dieses Selbstgericht sollte in unserem Leben ständig stattfinden. Andernfalls erfahren wir die Züchtigung des Vaters, wie sie in Hebräer 12,3-15 beschrieben wird.

Der Apostel Paulus erkannte, daß er für den christlichen Dienst ungeeignet wäre, wenn er Sünde in seinem Leben nicht richten würde:

„Sondern ich zerschlage meinen Leib und knechte ihn, damit ich nicht, nachdem ich anderen gepredigt, selbst verwerflich werde" (1Kor 9,27).

Der Richterstuhl Christi

Wenn wir den Richterstuhl Christi betrachten, sollten wir nicht an eine Gerichtsverhandlung eines Verbrechers denken, sondern eher an einen sportlichen Wettbewerb. Der Herr ist nicht dort, um die Schuldigen zu überführen und verurteilen, sondern er will *Preise* verleihen! Es handelt sich nicht um einen Gerichtssaal, sondern eine Zeit der Beurteilung und Belohnung.

Alle Gläubigen werden vor diesem Richterstuhl erscheinen, der griechisch *bema* genannt wird:

„Denn wir werden alle vor den Richterstuhl Gottes gestellt werden“ (Röm 14,10c).

Es ist eindeutig, daß dieses große Ereignis in der Ewigkeit stattfindet, nach der Auferstehung der Heiligen. Die Gläubigen werden dann ihre verherrlichten Leiber haben.

Der Dienst des Volkes Gottes wird beurteilt:

„Denn wir müssen alle vor dem Richterstuhl Christi offenbar werden, damit jeder empfange, was er durch den Leib vollbracht, dementsprechend, was er getan hat, es sei Gutes oder Böses“ (2Kor 5,10).

Einige werden belohnt, andere werden Schaden erleiden:

„... so wird das Werk eines jeden offenbar werden, denn der Tag wird es klarmachen, weil er in Feuer geoffenbart wird. Und wie das Werk eines jeden beschaffen ist, wird das Feuer erweisen. Wenn jemandes Werk bleiben wird, das er darauf gebaut hat, so wird er Lohn empfangen; wenn jemandes Werk verbrennen wird, so wird er Schaden leiden“ (1Kor 3,13-15a).

Der zweite Teil von Vers 15 macht deutlich, daß bei diesem Gericht die Errettung des Betreffenden niemals in Gefahr ist:

„... er selbst aber wird gerettet werden, doch so wie durchs Feuer.“

Das Gericht über Israel

Kein Volk hat je solchen Haß, solche Mißhandlung und Verfolgung und solche Pogrome erlebt, wie das jüdische Volk. Die Judenvernichtung unter Hitler ist nur ein Kapitel in einer herzbewegenden Geschichte von Kummer, Leid und Tod.

Doch leider muß man sagen, daß das Ende noch nicht erreicht ist. Nach der Entrückung der Gemeinde werden Israel und die Nationen eine siebenjährige Drangsalszeit erleben, deren zweite Hälfte von vorher nie dagewesenen Leiden gekennzeichnet ist. Jeremia bezeichnet dies als „eine Zeit der Bedrängnis für Jakob“ (Jer 30,7) und der Herr benutzt sogar die Worte „große Drangsal“:

„Denn dann wird große Drangsal sein, wie sie von Anfang der Welt bis jetzt nicht gewesen ist noch je sein wird“ (Mt 24,21).

Am Ende dieser Zeit wird der Messias erscheinen. Das Volk wird wieder gesammelt werden, und der Herr wird wird mit ihnen von Angesicht zu Angesicht vor den Völkern ins Gericht gehen. Dies wird an einem Ort geschehen, den er „Wüste der Völker“ nennen wird (Hes 20,33-44).

Das schlimmste Verbrechen, das hier verhandelt werden wird, wird das Verehren des Antichristen während der Trübsal sein. Der Herr Jesus sagte voraus, daß ein großer Teil des Volkes in diese schlimmste Art des Götzendienstes verfallen wird:

„Ich bin in dem Namen meines Vaters gekommen, und ihr nehmt mich nicht auf; wenn ein anderer in seinem eigenen Namen kommt, den werdet ihr aufnehmen“ (Joh 5,43).

Maleachi gibt uns eine längere Sündenliste, die vom König gerichtet werden wird (Mal 2,1-3,5).

Es ist eindeutig, daß alle, die sich gegen den Messias-König auflehnen, vernichtet werden, bevor das

Reich errichtet wird. Dagegen werden alle, die sich seiner Herrschaft unterstellen, in sein herrliches Reich eingehen und seine Herrschaft des Friedens und des Wohlstandes für tausend Jahre genießen:

Und so wird ganz Israel errettet werden, wie geschrieben steht: „Es wird aus Zion der Erretter kommen, er wird die Gottlosigkeiten von Jakob abwenden; und dies ist für sie der Bund von mir, wenn ich ihre Sünden wegnehmen werde“ (Röm 11,26-27).

Das Gericht über die Nationen

Der wichtigste Schriftabschnitt, der das Gericht über die Nationen behandelt, ist Matthäus 25,31-46. Dieses Gericht wird sich bei der Wiederkunft Christi versammeln. Der Richter ist der Menschensohn, d. h. Jesus selbst.

„Wenn aber der Sohn des Menschen kommen wird in seiner Herrlichkeit und alle Engel mit ihm, dann wird er auf seinem Thron der Herrlichkeit sitzen“ (V. 31).

Der Prophet Joel macht deutlich, daß es bei diesem Gericht eine wichtige Rolle spielen wird, welche Haltung das betreffende Volk gegenüber Israel eingenommen hat (Joe 4,2.3a). Die Völker, die während der Trübsal den jüdischen Brüdern Christi in Freundschaft beistehen, werden in Matthäus 25 Schafe genannt. Diejenigen, die ihnen Essen, Trinken und Gastfreundschaft vorenthalten, und sogar sozialen Kontakt mit den Kranken und Eingekerkerten scheuen, werden Böcke genannt.

Die „Schaf“-Völker werden „das Reich“ erben, das ihnen „von Grundlegung der Welt an ... bereitet ist“ (V.

34). Die „Bock-Völker" werden ihr Urteil hören: „Geht von mir, Verfluchte, in das ewige Feuer, das bereitet ist dem Teufel und seinen Engeln!" (V. 41).

„Und diese werden hingehen in die ewige Pein, die Gerechten aber in das ewige Leben" (V. 46).

Einige Menschen haben Probleme mit der Vorstellung, daß ganze *Völker*[1] verloren gehen oder gerettet werden. Sie sind der Ansicht, daß Errettung eine rein persönliche Angelegenheit sei. Dies sollte kein Problem darstellen. In der gesamten Geschichte hat Gott sowohl an Völkern als auch an einzelnen Personen gehandelt. Wenn die Mehrheit eines Volkes in einem Land oder einer Provinz gegen Gott rebelliert, dann rettet er normalerweise zuerst sein eigenes Volk, und dann schüttet er seinen Zorn über die Mehrheit der Bevölkerung aus. Sodom ist ein Beispiel dafür, genauso wie die Sintflut, bloß in größerem Stil.

Das Gericht über die Engel

Ohne unsere Neugier ganz zu befriedigen, berichtet uns die Bibel darüber, daß einige gefallene Engel eingekerkert sind, um ihr Gericht zu erwarten:

„Denn wenn Gott Engel, die gesündigt hatten, nicht verschonte, sondern sie in finstere Höhlen des Abgrundes hinabgestürzt und zur Aufbewahrung für das Gericht überliefert hat ..." (2Petr 2,4).

„Engel, die ihren Herrschaftsbereich nicht bewahrt, sondern ihre eigene Behausung verlassen haben, hat er zum Gericht des großen Tages mit ewigen Fesseln in Finsternis verwahrt" (Jud 6).

Wir wissen nur zu gut, daß es andere böse Engel gibt (die allgemein den Dämonen gleichgesetzt werden), die noch immer frei sind. Wann wird das Gericht über diese gefallenen Engel stattfinden?

Während seiner Herrschaft über die Erde wird der Messias-König „alle Gewalt und Macht“ wegtun und „alle Feinde unter seine Füße“ unterwerfen (1Kor 15,24.25). Dazu gehört sicherlich die Unterwerfung der Mächte, Gewalten und bösen Geister im Himmel.

Weil die Gläubigen mit ihm regieren werden, werden sie auch am Gericht über die Engel teilnehmen. Vielleicht erklärt das auch die rätselhafte Frage des Paulus in 1. Korinther 6,3: „Wißt ihr nicht, daß wir Engel richten werden?“

Das endgültige Gericht über Satan findet am Ende des Tausendjährigen Reiches und vor dem Gericht vor dem Großen Weißen Thron statt:

„Und der Teufel, der sie verführte, wurde in den Feuer- und Schwefelsee geworfen, wo sowohl das Tier als auch der falsche Prophet ist; und sie werden Tag und Nacht gepeinigt werden in alle Ewigkeit“ (Offb 20,10).

Weil die gefallenen Engel Satan als ihren Anführer anerkennen, ist es vernünftig zu glauben, daß sie dafür verurteilt werden, an seinem Aufstand gegen Gott teilgenommen zu haben (Jes 14,12-17; Hes 28,12-19), und sein Schicksal im Feuersee teilen werden.

Das Gericht vor dem Großen Weißen Thron

Johannes „sah einen großen weißen Thron und den, der darauf saß, vor dessen Angesicht die Erde entfloh und der Himmel“ (Offb 20,11). Der Thron ist groß wegen dem, der auf ihm thront, und weil hier so viel auf dem Spiel steht. Die Farbe weiß steht für die Reinheit des Gerichtes. Dieses Gericht findet in der Ewigkeit statt, nachdem die Welt, wie wir sie kennen, im Feuer vergangen ist (2Petr 3,10).

„Und ich sah die Toten, beide, groß und klein, stehen vor Gott“ (Offb 20,12a; Luther 1912). Dies sind die in Sünden Gestorbenen aller Zeitalter. Der Grund für ihr Stehen vor dem Thron ist, daß sie nicht an den Herrn geglaubt haben. Der Unglaube ist die große Sünde, die verurteilt wird:

„Wer aber nicht glaubt, ist schon gerichtet, weil er nicht geglaubt hat an den Namen des eingeborenen Sohnes Gottes“ (Joh 3,18b).

„Wer aber dem Sohn nicht gehorcht, wird das Leben nicht sehen, sondern der Zorn Gottes bleibt auf ihm“ (Joh 3,36b).

Nun werden zwei Bücher geöffnet, um das *Ausmaß* ihrer Strafe zu bestimmen:

„... und Bücher wurden aufgeschlagen; und ein anderes Buch wurde aufgeschlagen, welches das des Lebens ist. Und die Toten wurden gerichtet nach dem, was in den Büchern geschrieben war, nach ihren Werken“ (Offb 20,12b).

Ihr Schicksal ist durch die Tatsache bestimmt, daß ihre Namen nicht im Buch des Lebens stehen, was bedeutet, daß sie nie Buße getan und an Christus als ihren Retter geglaubt haben. Ihre Werke bestimmen das Ausmaß ihrer Schuld. Ein notorischer Frauenschänder etwa, wird schlimmere Strafe erleiden als der freundliche Nachbar, der ein halbwegs gutes Leben geführt hat (der sich jedoch unglücklicherweise nie bekehrt hat).

Der Leib, für den hier der Tod steht, und Geist und Seele, für die hier der Hades steht, d. h. der gesamte Mensch, wird in den Feuersee geworfen:

„Und der Tod und der Hades wurden in den Feuersee geworfen“ (Offb 20,14).

Kein Gläubiger wird bei dem Gericht vor dem Großen Weißen Thron erscheinen. Es ist nur für diejenigen bestimmt, die Gottes Gnadenangebot ausgeschlagen haben und deshalb nicht im Buch des Lammes verzeichnet sind.

Kapitel 4

Hades und Hölle

Es gibt einen Unterschied zwischen Hades und Hölle. Die Worte im Griechischen Neuen Testament sind unterschiedlich und haben unterschiedliche Bedeutung. Sie sind nicht austauschbar.[2] Hades existiert nur für eine gewisse Zeit, während die Hölle ewig ist. Der Hades ist dasselbe, wie der Scheol des Alten Testamentes, während Hölle dasselbe wie Gehenna und der Feuersee ist. Hades wurde einmal mit einem Untersuchungsgefängnis verglichen, wo Gefangene einsitzen, die auf ihre Verhandlung warten. Es handelt sich um so etwas wie einen Aufbewahrungsort. Die Hölle ist das Gefängnis, wo die eigentliche Strafe abgesessen wird.

Hades

Wir sollten zunächst über den Hades nachdenken. Manchmal scheint damit ein Ort des Leidens gemeint zu sein, manchmal das Grab, und an wieder anderen Stellen der leiblose Zustand. Wenn der Hades ein Ort ist, dann wissen wir nicht, wo er sich befindet. Die ausführlichsten Informationen über den Hades finden sich in Lukas 16,19-31, wo wir davon lesen, daß ein ungläubiger Reicher im Hades seine Augen zum Himmel emporhob. Der Leib dieses Mannes war offensichtlich im Grab, seine Seele dagegen im Hades. Doch dort hatte er Bewußtsein, Verständnis, hatte ein Gedächtnis und konnte sogar über den gähnenden Abgrund schauen und in den Himmel bzw. das Paradies sehen. Er litt Hitze- und Durstqualen. Er hatte sogar evangelistischen Eifer, weil er wollte, daß jemand seinen fünf Brüdern Zeugnis geben sollte, so daß sie nicht an diesen Peinigungsort kommen würden. Hier wird ausdrücklich ausgesagt, daß der Hades ein *Ort* der Qual ist, und es kein Entrinnen gibt.

Doch in Apostelgeschichte 2,27 erscheint der Hades nicht so sehr als Ort, sondern vielmehr als ein Zustand. Petrus zitiert Psalm 16,10 und bezieht ihn auf die Auferstehung Christi:

„Denn meine Seele wirst du dem Scheol nicht lassen, wirst nicht zugeben, daß dein Frommer die Grube sehe."

Der Hades (oder Scheol) konnte hier kein Ort sein, weil der Geist und die Seele des Herrn Jesus nach seinem Tod ins Paradies kamen (Lk 23,43), welches dem dritten Himmel entspricht (2Kor 12,2, vgl. V. 4). Doch könnte sich der Begriff hier auf den entleibten Zustand beziehen. Gott erlaubte es nicht, daß seine Seele in diesem Zustand blieb, und er erlaubte auch nicht, daß sein Heiliger, d. h. der Leib unseres Heilandes, verwese (vgl. hierzu Luther 1912; Anm. d. Übers.). Der Ausdruck „sein Heiliger" muß sich auf den Leib beziehen, weil dies der einzige Teil des Menschen ist, der zur Zeit des Todes verwest. Petrus verkündigt nun mutig, daß die Seele des Herrn nicht im Hades geblieben ist (Apg 2,31). Am dritten Tag wurden sein Geist und seine Seele mit seinem verherrlichten Leib wiedervereinigt.

Ein anderer Abschnitt, der den Hades als entleibten Zustand darstellt, ist Offenbarung 20,13-14:

„Und das Meer gab die Toten, die in ihm waren, und

der Tod und der Hades gaben die Toten, die in ihnen waren, und sie wurden gerichtet, ein jeder nach seinen Werken. Und der Tod und der Hades wurden in den Feuersee geworfen. Dies ist der zweite Tod, der Feuersee.“

Es geht hier um das Endgericht an den Ungläubigen. Der Herr Jesus Christus ist der Richter, der die Schlüssel des Todes und des Hades hat (Offb 1,18). Der Tod bezieht sich hier auf die Leiber, und Hades auf die Geister und Seelen der Gerichteten. Die Geister und Seelen aller Ungläubigen werden mit ihren Leibern beim Gericht vor dem Großen Weißen Thron wiedervereinigt, und die jeweils vollständigen Menschen werden in den Feuersee geworfen.

Ein anderer Abschnitt, in dem Hades den entleibten Zustand bezeichnet, ist 1. Korinther 15,55 (Schlachter):

„Tod, wo ist dein Stachel?
Totenreich, wo ist dein Sieg?“

Dies ist ein Spottlied, das die Gläubigen bei der Wiederkunft Christi singen werden. Wenn ihre Leiber aus den Gräbern auferstehen, dann werden sie den Tod daran erinnern, daß er sie zwar eine Weile festhalten konnte, aber nicht für immer! Und obwohl Hades damit Erfolg hatte, ihre Geister und Seelen getrennt von ihren Leibern zu halten, war sein Sieg nur von kurzer Dauer.

In Offenbarung 6,8 wird uns ein Reiter auf einem fahlen Pferd vorgestellt, der Tod heißt, und Hades folgt ihm. Der Rest des Verses erklärt, daß Tod und Hades Macht erhielten, um ein Viertel der Weltbevölkerung umzubringen. Hier stehen Tod und Hades wieder bildlich für die Trennung von Seele und Geist vom Leib, was Tod bedeutet.

Manchmal wird das Wort Hades als Bild für die Tiefe einer Demütigung benutzt. So wird etwa von Kapernaum ausgesagt, daß es durch seine Vorrechte in den Himmel erhoben wurde. Doch es schätzte die Gegenwart des Sohnes Gottes nicht, und deshalb wird es in Schande und Zerstörung in den Hades gebracht (Mt 11,23; Lk 10,15).

Der einzige andere Hinweis auf den Hades findet sich in Matthäus 16,18, wo Jesus garantierte, daß die Tore des Hades die Gemeinde nicht überwinden können, die er gründen wollte. Kein Angriff auf die Gemeinde würde letztlich gelingen, während der Sieg der Gemeinde über den Hades sichergestellt ist.

Die Hölle

Von den zwölf Stellen, an denen im Neuen Testament das Wort Hölle vorkommt, sind elf Jesusworte, der doch der mitfühlendste aller Menschen ist. Die zwölfte geht auf Jakobus, den Halbbruder des Herrn zurück.

Was können wir von diesem schrecklichen Ort wissen? Die Hölle ist nicht für den Menschen bereitet worden, sondern für den Teufel und seine Engel (Mt 25,41). Gott erwählt niemandem zu dieser Strafe, sondern Menschen wählen selbst die Hölle, weil sie Gottes Gnade ablehnen. An diesem Ort herrschen Weinen, Geschrei und Zähneklappern (Mt 8,12; 22,13; 24,51; 25,30; Lk 13,28). Von den Insassen der Hölle wird ausgesagt, daß ihr Wurm (Qual) nicht stirbt (endet) und ihr Feuer nicht verlischt (Mk 9,46; Luther 1912). Der Rauch ihrer Qual wird in alle Ewigkeit aufsteigen (Offb 14,11).

Jesus betonte wiederholt, daß es besser ist, mit fehlenden Gliedmaßen ins ewige Leben einzugehen, als mit vollständigem Leib in die Hölle geworfen zu werden (Mt 5,29-30; 18,9; Mk 9,43.45.47). Natürlich bedeutet das nicht, daß es im Himmel Menschen mit fehlenden Gliedmaßen geben wird. Es geht darum, daß es besser ist, sich in diesem Leben eine eiserne Disziplin gegenüber den Bedürfnissen und Wünschen des Leibes aufzuerlegen, als den Lüsten nachzugeben und auf ewig verdammt zu sein.

Gläubige sollten nicht diejenigen fürchten, die den Leib zerstören[3] können, sondern Gott, der in der Lage ist, sowohl Leib als auch Seele in die Hölle zu werfen (Mt 10,28; Lk 12,5).

Jeder, der einem tiefsitzenden Haß auf seinen Bruder Ausdruck gibt, indem er ihn „Idiot" nennt, steht in der Gefahr, in die Hölle zu kommen (Mt 5,22). Üble Nachrede ist höllisch (Jak 3,6). Die Sünden der Pharisäer machten sie zu Kandidaten der Hölle (Mt 23,15.33).

Tartarus

Das griechische Wort *tartaros*,[4] das in 2. Petrus 2,4 mit Hölle übersetzt wird, scheint eine spezielle Bedeutung zu haben, und zwar für gefallene Engel, die gesündigt haben. Im Tartarus werden sie in Ketten der Finsternis festgehalten, um dem Gericht übergeben zu werden.

Das Fegefeuer

Nach der Lehre der römisch-katholischen Kirche ist das „Fegefeuer" ein Zustand oder Ort der Strafe nach dem Tode, wo Menschen, die in der Gnade Gottes gestorben sind, für die „zeitlichen Strafen" der Sünde

Sühne tun können und sich so den Eintritt in den Himmel erwirken. Das Fegefeuer soll einen reinigenden Effekt auf die Seele haben. Es wird weiter behauptet, daß die Zeit im Fegefeuer durch die Gebete der Lebenden und durch Messen für die Verstorbenen verkürzt werden kann.

Die Bibel weiß von einem solchen Zustand oder Ort wie dem Fegefeuer nichts. Das Wort wird in der Bibel nie erwähnt und die Lehre steht im krassen Gegensatz zur Lehre der vollen Erlösung durch die Gnade durch den Glauben an unseren Herrn Jesus Christus.

Kapitel 5

Aspekte des Ewigen Lebens

Lebensqualität

Ewiges Leben bedeutet nicht dasselbe wie ewige Existenz. Jeder, ob gerettet oder nicht, wird immer weiterleben, doch nur der Gläubige hat ewiges *Leben.* Es geht dabei nicht um die *Dauer* des Lebens, sondern vielmehr um die *Qualität.* Es geht um das Leben Gottes selbst, um nicht weniger als die Einheit mit Gott; und im Herrn Jesus hat das ewige Leben Gestalt gewonnen.

„Das Leben ist geoffenbart worden, und wir haben gesehen und bezeugen und verkündigen euch das ewige Leben, das bei dem Vater war und uns geoffenbart worden ist" (1Joh 1,2. Vgl. auch 1Joh 5,20).

Als Adam noch nicht gefallen und unschuldig war, hatte er noch kein ewiges Leben. Solange er nicht sündigte, hätte er wahrscheinlich weiter sein natürliches Leben auf der Erde fortgeführt, doch hätte er nicht die Hoffnung gehabt, mit Christus im Himmel verherrlicht zu werden. Und es gab immer die schreckliche Möglichkeit der Sünde, die ihn zum Tod verurteilen würde - was dann auch geschah. Erst als er an den Herrn als seinen Heiland glaubte, empfing er das ewige Leben mit allen dazugehörigen Segnungen.

Manchmal wird ewiges Leben als gegenwärtiger Besitz bezeichnet, an anderen Stellen dagegen als zukünftige Hoffnung und Erbe.

Gegenwärtiger Besitz

Es handelt sich beim ewigen Leben um eine Gabe, die Gläubige gegenwärtig ihr Eigentum nennen. Die Gabe wurde vom Herrn verheißen (1Joh 2,25) und befindet sich in ihm (Joh 6,68; 1Joh 5,11). Sie wird empfangen, indem man an ihn glaubt:

„Wahrlich, wahrlich, ich sage euch: Wer glaubt, hat ewiges Leben" (Joh 6,47. Vergl. auch Joh 3,15.16.36; 5,24; 6:40; 1Tim 1,16).

Andere Ausdrücke, die gleichbedeutend mit Glauben an ihn sind, sind das Trinken des Wassers, das er gibt (Joh 4,14); sein Fleisch essen und sein Blut trinken (Joh 6,54); ihm nachfolgen (Joh 10,17) und ihn erkennen (Joh 17,3). Johannes sagt, daß kein Mörder das ewige Leben in sich wohnen habe (1Jo 3,15), doch könnte er dasselbe von allen anderen ungläubigen Sündern gesagt haben.

Das ewige Leben ist eine Gabe vom Vater (Röm 6,23; 1Jo 5,11).

Das ewige Leben wird auch vom Sohn geschenkt:

„Meine Schafe hören meine Stimme, und ich kenne sie, und sie folgen mir; und ich gebe ihnen ewiges Leben, und sie gehen nicht verloren in Ewigkeit, und niemand wird sie aus meiner Hand rauben" (Joh 10,27.28. S. auch Joh 17,2).

Alles, was der Vater dem Sohn zu sagen gebot, hatte zum Ziel, ewiges Leben zu geben (Joh 12,50).

Alle, die zum ewigen Leben bestimmt sind, glauben (Apg 13,48), das ist eine Seite der Wahrheit. Die andere ist, daß diejenigen, die sich weigern zu glauben, sich selbst des ewigen Lebens für unwürdig erachten (Apg 13,46). Dieses Leben wird durch die Herrschaft der

Gnade herbeigeführt (Röm 5,21), und alle Gläubigen dürfen aufgrund der Autorität des Wortes Gottes wissen, daß sie es haben:

„Dies habe ich euch geschrieben, damit ihr wißt, daß ihr ewiges Leben habt, die ihr an den Namen des Sohnes Gottes glaubt“ (1Jo 5,13).

Von den Menschen, die ewiges Leben haben, wird erwartet, daß sie es im alltäglichen Leben beweisen:

„Kämpfe den guten Kampf des Glaubens; ergreife das ewige Leben, zu dem du berufen worden bist und bekannt hast das gute Bekenntnis vor vielen Zeugen“ (1Tim 6,12).

„... indem sie sich selbst eine gute Grundlage auf die Zukunft sammeln, um das wirkliche Leben zu ergreifen“ (1Tim 6,19. Vgl. auch Joh 6,27).

Eine Zukünftige Hoffnung

Zusätzlich zu der Tatsache, daß das ewige Leben unser gegenwärtiger Besitz ist, wird vom ewigen Leben in der Zukunftsform gesprochen:

„... in der Hoffnung des ewigen Lebens - das Gott, der nicht lügen kann, vor ewigen Zeiten verheißen hat“ (Tit 1,2).

„Erhaltet euch in der Liebe Gottes, indem ihr die Barmherzigkeit unseres Herrn Jesus Christus erwartet zum ewigen Leben“ (Jud 21).

Dies bezieht sich auf das ewige Leben in seiner Vollendung, wenn der Gläubige für immer von Sünde, Krankheit, Sorgen und Tod befreit sein wird. Es bezieht sich auf den endgültigen, verherrlichten Zustand.

Manchmal wird das ewige Leben als Erbe bezeichnet:

„Und ein jeder, der Häuser oder Brüder oder Schwestern oder Vater oder Mutter oder Frau oder Kinder oder Äcker um meines Namens willen verlassen hat, wird hundertfach empfangen und ewiges Leben erben“ (Mt 19,29. Siehe auch Mk 10,29.30; Lk 18,30).

„... damit wir, gerechtfertigt durch seine Gnade, Erben nach der Hoffnung des ewigen Lebens wurden“ (Tit 3,7).

Nicht durch Werke verdient

Es gibt bestimmte Verse, nach denen könnte man annehmen, daß das ewige Leben eine Belohnung für das Verhalten eines Menschen auf der Erde sei. Verse, die in diese Kategorie gehören, sind Mt 25,45-46; Lk 18,29.30; Joh 4,36; 12,25; Röm 2,7; Gal 6,8. Doch diese wenigen Verse können nicht die vielen Abschnitte ungültig machen, die die grundlegende Lehre verkünden, daß die Erlösung aus Gnaden geschieht, daß sie ein Geschenk ist, das nur durch den Glauben erlangt wird, und daß sie völlig unabhängig von Werken erfolgt.

Was bedeuten also diese widersprüchlichen Verse? Sie erinnern uns daran, daß es im Himmel unterschiedlichen *Lohn* geben wird. Beim Richterstuhl Christi werden einige Kronen empfangen, andere dagegen Verlust erleiden. Auch wenn alle Gläubigen das ewige Leben haben werden, werden nicht alle die gleiche Fähigkeit haben, dieses zu genießen (1Kor 15,41b). Das ergibt sich aus der Treue ihres Dienstes hier auf Erden (Gal 6,8) und ihrem Fortschritt in der Heiligung (Röm 6,22).

Die guten Werke, die in diesen Versen erwähnt werden, sind die Frucht des ewigen Lebens der betroffenen Person, nicht die Art und Weise, wie derjenige das ewige Leben erlangt. Wenn es z. B. in Matthäus 25,46 heißt: „Und diese werden hingehen in die ewige Pein, die Gerechten aber in das ewige Leben“, so lehrt dies, daß diejenigen, die den jüdischen Brüdern Christi während der Drangsalszeit helfen, dadurch zeigen, daß sie wirklich errettet sind, und deshalb ewiges Leben genießen werden. Ihre guten Werke sind der Beweis ihrer Errettung.

Johannes 4,36 und 12,25 beziehen sich eindeutig auf Lohn für treuen Dienst, nicht auf den Erlösungsweg:

„Der da erntet, empfängt Lohn und sammelt Frucht zum ewigen Leben, damit beide, der da sät und der da erntet, sich zugleich freuen.“

„Wer sein Leben liebt, wird es verlieren; und wer sein Leben in dieser Welt haßt, wird es zum ewigen Leben bewahren.“

Römer 2,7 ist ein Vers, der für viele besonders schwierig ist:

„... denen, die mit Ausdauer in gutem Werk Herrlichkeit und Ehre und Unverweslichkeit suchen, ewiges Leben.“

Oberflächlich gesehen, scheint dies auszusagen, daß das ewige Leben davon abhängt, daß jemand gut ist, bzw. Gutes tut. Das durchgängige Zeugnis der Schrift verbietet eine solche Interpretation. Es gibt zwei Arten, auf die dies von der Bibel her verstanden werden könnte. Erstens könnte es sich um ein *theoretisches* Ideal handeln, einen Maßstab, nach dem Gott die Verlorenen richten wird. Wenn ein Ungläubiger beweisen *könnte*, daß er aus eigener Kraft ohne Ausnahme nur Gutes getan hat, würde er mit dem ewigen Leben belohnt. Doch dies ist natürlich unmöglich. „Da ist keiner, der Gutes tut, da ist auch nicht einer“ (Röm 3,12c). Es kann jedoch auch bedeuten, daß nur ein Gläubiger durch die Kraft des Heiligen Geistes dieser Beschreibung entsprechen kann. Und in diesem Fall sind die guten Werke nur das Ergebnis seiner Erlösung, nicht ihre Ursache.

Zusammenfassung

Ewiges Leben ist geistliches Leben, das bei der Wiedergeburt empfangen wird. Es handelt sich um das Leben Gottes selbst und ist so ewig, wie er ist. Es ist ein gegenwärtiger Besitz und eine zukünftige Hoffnung. Jeder, der wirklich an Christus glaubt, darf aufgrund der Autorität des Wortes Gottes wissen, daß er das ewige Leben hat. *Gewißheit der Errettung erhalten wir durch die Schrift.*

Der Gläubige erwartet das ewige Leben in seiner Vollendung, was auch als Erlösung des Leibes bezeichnet wird.

Wenn das ewige Leben im Zusammenhang mit Lohn erwähnt wird, kann dies nicht bedeuten, daß es der Lohn für Heiligung, Dienst oder gute Werke ist. Lohn wird für den treuen Beweis gegeben, daß das Leben Christi in einem Gläubigen diesen Menschen verändert hat.

Teil 2

Unterschiede im christlichen Leben

Kapitel 6

Arten der Heiligung

Das Wort „Heiligung“ bedeutet soviel wie „aussondern.“ Es gibt eine ganze Wortfamilie: Heiligung, heilig sein, Heilige, Heiligkeit, heiligen, weihen, Weihe, in denen überall die gleiche Grundbedeutung mitschwingt. Sehr oft bedeutet Heiligung den Vorgang, daß etwas oder jemand vom einfachen oder sogar unreinen Gebrauch ausgesondert wird zum Dienst für Gott. Aber nicht immer. Wenn man sich nur merkt, daß „heiligen“ bedeutet, etwas abzusondern, dann hat man einen Schlüssel für *alle* Bedeutungen.

Im Alten Testament hat Gott den siebten Tag geheiligt (1Mo 2,3). Die Erstgeburt von Mensch und Tier war dem Herrn geheiligt (2Mo 13,2). Den Priestern wurde befohlen, sich dem Herrn zu heiligen (2Mo 19,22). Der Berg Sinai war geheiligt (2Mo 19,23). Die Stiftshütte und ihre Einrichtung waren geheiligt (2Mo 40,9). In Jesaja 66,17 lesen wir davon, daß Menschen sich selbst weihten, um Götzen anzubeten.

Im Neuen Testament wird *Heiligung* in erster Linie in bezug auf Menschen benutzt. Jesus sagt, daß der Tempel das Gold in ihm heiligt, und der Altar das daraufliegende Opfer (Mt 23,17.19). Paulus lehrte, daß unsere Speisen, wenn wir für sie danksagen, durch das Wort Gottes und das Gebet geheiligt sind (1Tim 4,5).

Über Personen erfahren wir, daß Gott Christus heiligte und ihn in die Welt sandte (Joh 10,36), d. h., daß der Vater seinen Sohn für das Werk absonderte, uns von unseren Sünden zu erlösen. Jesus hat sich selbst geheiligt (Joh 17,19), mit anderen Worten, er sonderte sich selbst ab, um für sein Volk einzutreten.

In gewisser Hinsicht sind sogar die *Ungläubigen* geheiligt: „Denn der ungläubige Mann ist durch die Frau geheiligt und die ungläubige Frau ist durch den Bruder geheiligt“ (1Kor 7,14a). Das bedeutet, daß der ungläubige Ehepartner zu einer besonderen Vorrechtsstellung in Bezug auf die Erlösung ausgesondert ist, indem er einen gläubigen Ehepartner hat, der für ihn betet.

Und in gewisser Beziehung sollte Christus von allen Heiligen geheiligt werden: „Haltet den Herrn, den Christus, in euren Herzen heilig“ (1Petr 3,15). Wir heiligen ihn, indem wir ihn als unangefochtenen Herrn unseres Lebens absondern.

Zusätzlich zu dem eben Gesagten gibt es vier andere wichtige Arten der Heiligung, die wir beim Studium des Neuen Testamentes auseinanderhalten sollten. Wir wollen sie *Heiligung vor der Erlösung*, die *Stellung der Heiligung*, die *fortschreitende Heiligung*, und die *vollkommene Heiligung* nennen.

Die Heiligung vor der Erlösung

Lange ehe man wiedergeboren wird, hat der Heilige Geist schon am Leben des Betroffenen gewirkt und ihn von der Welt abgesondert, damit er Christus gehören soll. Paulus erkannte, daß er schon abgesondert worden war, ehe er geboren wurde (Gal 1,15). In 2. Thessalonicher 2,13 erinnert der Apostel die Thessalonicher daran, daß es in ihrem Leben drei Stufen der Errettung gegeben hatte:

1. Ihre Erwählung durch Gott
2. Ihre Heiligung durch den Heiligen Geist
3. Ihren Glauben an die Wahrheit.

Man beachte daß die *Heiligung* stattfand, ehe sie glaubten und errettet wurden.

In 1. Petrus 1,2 wird die Reihenfolge der Ereignisse bei der Errettung folgendermaßen beschrieben:

1. Auserwählung und Vorherbestimmung durch Gott den Vater.
2. Heiligung durch den Geist.
3. Gehorsam gegenüber Christus.
4. Die Besprengung mit seinem Blut.

In der Ewigkeit hat uns Gott erwählt, zu ihm zu gehören. In der Zeit hat uns der Heilige Geist für den Herrn ausgesondert. Dann gehorchten wir dem Evangelium. Wenn wir das tun, wird der gesamte Wert des vergossenen Blutes Jesu Christi unserem Konto gutgeschrieben. Doch man beachte hier, daß die Heiligung, von der Petrus hier spricht, *vor* der Wiedergeburt des betreffenden Menschen stattfindet.

Heiligung durch die Stellung in Christus

Sobald ein Mensch wiedergeboren wird, wird er in seiner Stellung geheiligt. Was seine Stellung vor Gott betrifft, ist er vollkommen für Gott von der Welt abgesondert, weil er „in Christus" ist. In einem sehr realen Sinne ist Christus selbst die Heiligung des Gläubigen (1Kor 1,30).

Jeder wahre Gläubige ist ein Heiliger, denn er ist für den Herrn abgesondert. Das ist seine Stellung. Deshalb werden in 1. Korinther 1,2 alle Christen der Ortsgemeinde in Korinth als „Geheiligte in Christus Jesus" und „berufene Heilige“ bezeichnet. Und die korinthischen Heiligen verhielten sich nicht immer besonders heilig! Sie duldeten schlimme Sünden in ihrer Mitte (1Kor 5,1.2), sie prozessierten gegeneinander (1Kor 6,1) und sie duldeten Lehrer, die die Auferstehung leugneten (1Kor 15,12-14). Doch galt für sie noch immer, daß sie in ihrer Stellung Heilige waren - geheiligt in Christus Jesus.

Nun wollen wir uns einige Abschnitte ansehen, in denen es um die Stellung der Heiligung geht. In Apostelgeschichte 20,32 sind mit dem Ausdruck „alle Heiligen“ alle Gläubigen gemeint. In Apostelgeschichte 26,18 beschreibt der Herr sein Volk als diejenigen, „die durch den Glauben an mich geheiligt sind.“ Die Korinther werden als Menschen beschrieben, die „abgewaschen ..., geheiligt“ und „gerechtfertigt durch den Namen des Herrn Jesus“ sind (1Kor 6,11). Und der Verfasser des Hebräerbriefes erinnert uns daran, daß „wir geheiligt sind durch das ein für alle mal geschehene Opfer des Leibes Jesu Christi“ (Hebr 10,10). „Denn mit einem Opfer hat er die, die geheiligt werden, für immer vollkommen gemacht“ (Hebr 10,14).

Stellungsmäßige Heiligung wird gelegentlich auch durch den Gebrauch des Wortes „Heilige“ angedeutet. So in Kolosser 3,12, wo Paulus die Christen als „Heilige“ bezeichnet, und dabei ihre Stellung vor Gott anspricht.

Fortschreitende Heiligung

Es gibt zwar viele Schriftstellen, die aussagen, daß alle Christen geheiligt sind, doch gibt es viele andere, die aussagen, daß sie in der Heiligung fortschreiten sollen. Wenn wir die beiden Arten der Heiligung dabei nicht unterscheiden, dann kann das sehr verwirrend sein, sogar scheinbar widersprüchlich.

Fortschreitende oder praktische Heiligung bezieht sich auf unseren Zustand im Alltag. Unser Leben sollte in Absonderung für den Herrn geführt werden, indem wir uns von der Sünde und dem Bösen trennen. Heilige sollten immer heiliger werden.

Es war dieser Aspekt der Heiligung, den der Herr Jesus in Johannes 17,17 ansprach, als er für die Seinen betete: „Heilige Sie in deiner Wahrheit. Dein Wort ist Wahrheit."

Dabei ist die Mitarbeit des Gläubigen gefragt (2Tim 2,21). Wann immer man *Ermahnungen* zur Heiligung findet, kann man sicher sein, daß es um die praktische Heiligung geht. So ermahnt Paulus die Korinther: „... so wollen wir uns reinigen von jeder Befleckung des Fleisches und des Geistes und die Heiligkeit vollenden in der Furcht Gottes" (2Kor 7,1). Und in demselben Sinne schrieb Petrus: „... wie der, welcher euch berufen hat, heilig ist, seid auch ihr im ganzen Wandel heilig" (1Petr 1,15).

Eine besondere Form praktischer Heiligung betrifft die Scheidung von sexueller Sünde: „Denn dies ist Gottes Wille: eure Heiligung, daß ihr euch von der Unzucht fernhaltet, daß jeder von euch sich sein eigenes Gefäß in Heiligkeit und Ehrbarkeit zu gewinnen wisse" (1Thes 4,3.4).

Wie wird ein Christ nun noch heiliger, wie wird er dem Herrn Jesus ähnlicher? Die Antwort findet sich in 2. Korinther 3,18: „Wir alle aber schauen mit aufgedecktem Angesicht die Herrlichkeit des Herrn an und werden so verwandelt in dasselbe Bild von Herrlichkeit zu Herrlichkeit, wie es vom Herrn, dem Geist, geschieht.“ Praktische Heiligung ergibt sich aus der ständigen Beschäftigung mit dem Herrn. Es ist eine wichtige Lebensweisheit, daß wir *dem ähnlich werden, was wir anbeten*. Je mehr wir über Christus nachdenken, desto mehr werden wir ihm ähnlich. Der Heilige Geist bewirkt diese wunderbare Veränderung - nicht auf einmal, sondern von einer Herrlichkeit zur anderen!

Vollkommene Heiligung

Dieser Aspekt der Heiligung liegt für den Gläubigen noch in der Zukunft. Wenn er einmal den Heiland von Angesicht zu Angesicht sieht, dann wird er für immer von aller Sünde und Befleckung befreit sein. Dann wird er so rein sein wie der Herr Jesus - vollkommen geheiligt.

Davon lesen wir in Kolosser 1,22: „... in dem Leib seines Fleisches durch den Tod, um euch heilig und tadellos und unsträflich vor sich hinzustellen.“

An diesem Tag wird die Gemeinde völlig geheiligt sein: „... damit er die Gemeinde sich selbst verherrlicht darstellte, die nicht Flecken oder Runzel oder etwas dergleichen habe, sondern daß sie heilig und tadellos sei“ (Eph 5,27).

Andere Abschnitte beschreiben unsere vollkommene Heiligung, ohne das Wort zu erwähnen. Johannes sagt z. B.: „Wir wissen, daß wir, wenn es offenbar werden wird, ihm gleich sein werden“ (1Jo 3,2b). Und Judas erinnert uns, daß uns unser Herr „vor seine Herrlichkeit tadellos mit Frohlocken“ hinstellen wird (Jud 24b).

Zusammenfassung

Es wird nun beim Bibelstudium sehr hilfreich sein, diese verschiedenen Aspekte der Heiligung zu unterscheiden. Wann immer man Worte findet, die mit Heiligung und Heiligkeit zu tun haben, sollte man sich fragen, ob es hier um die Zeit vor der Bekehrung geht, um das, was man in Christus ist, um den Alltag oder aber um die Zeit, wenn ich in der herrlichen Gegenwart unseres Herrn Jesus Christus leben darf.

Kapitel 7

Die beiden Naturen

Bei der Behandlung biblischer Unterscheidungen ist keine von größerer praktischer Bedeutung als die zwischen der alten und der neuen Natur des Gläubigen. Ein Christ, der diese Wahrheit nicht kennt, wird mit größter Wahrscheinlichkeit von Schuld, Zweifeln und Entmutigung geplagt. Deshalb ist es wichtig zu erkennen, daß jeder Christ diese zwei Naturen in sich beherbergt, die alte und die neue, und zu verstehen, wie sie sind.

Der Alte Mensch

Jeder, ob gerettet oder nicht gerettet, hat die alte Natur in sich. Der Ungläubige hat nur die eine. Wir haben sie von Adam geerbt, und sie bleibt uns während unseres irdischen Lebens erhalten. Wir können sie „den alten Adam", „das Fleisch" oder „den alten Menschen" nennen. David umschrieb ihn mit folgenden Worten: „Siehe, in Schuld bin ich geboren, und in Sünde hat mich meine Mutter empfangen" (Ps 51,5). Paulus erwähnt ihn, als er schreibt: „Denn ich weiß, daß in mir, das ist in meinem Fleisch, nichts Gutes wohnt" (Röm 7,18a). Wir sollten nicht erwarten, irgend etwas Gutes an ihm zu finden, und sollten nicht enttäuscht sein, wenn wir nichts finden. Es ist so ernüchternd zu erkennen, daß jeder von uns ein Wesen hat, das jede nur erdenkbare Sünde zu begehen vermag!

Das Fleisch ist einer der drei Feinde des Gläubigen,

wobei die anderen beiden die Welt und der Teufel sind. Die alte Natur ist der Feind im Inneren, der Landesverräter, der Kollaborateur. Er ernährt sich gerne von allem, was herunterzieht und unrein ist. Von ihm kommt die natürliche Abneigung des Menschen gegen Gott. Er ist immer Gottes Feind, er unterwirft sich nie dem Gesetz Gottes und kann Gott nicht gefallen. Wegen dieser alten Natur sind die meisten Menschen eher geneigt, den Irrtum zu glauben, als die Wahrheit.

Der alte Mensch ist unverbesserlich böse. Auch wenn jemand lange Zeit ein geheiligtes Leben geführt hat, ist seine alte Natur um keinen Deut besser geworden. Der Herr wird sie weder verbessern noch verändern. Er verurteilte sie am Kreuz von Golgatha: „Gott, indem er seinen eigenen Sohn in Gleichgestalt des Fleisches der Sünde und für die Sünde sandte und die Sünde im Fleisch verurteilte ...“ (Röm 8,3). „Unser alter Mensch ist mitgekreuzigt worden“ (Röm 6,6). Jetzt weist Gott den Gläubigen an, ihn für tot zu halten, d. h. auf ihn zu reagieren, wie es ein toter Mensch tun würde.

Wenn jemand etwas verboten bekommt, will der alte Mensch genau dies tun. Paulus beschreibt diese seltsame Erfahrung in Römer 7,7c-10a:

„Denn auch von der Begierde hätte ich nichts gewußt, wenn nicht das Gesetz gesagt hätte: Laß dich nicht gelüsten! Die Sünde aber ergriff durch das Gebot die Gelegenheit und bewirkte jede Lust in mir; denn ohne Gesetz ist die Sünde tot. Ich aber lebte einst ohne Gesetz; als aber das Gebot kam, lebte die Sünde auf, ich aber starb.“

Paulus verglich den alten Menschen auch mit einer

Leiche, die ihm auf dem Rücken festgebunden ist. Man soll sich dabei einen zerfallenden, stinkenden Leichnam vorstellen. Er folgte ihm überall hin und ließ ihn schließlich ausrufen: „Ich elender Mensch! Wer wird mich retten von diesem Leibe des Todes?“ (Röm 7,24).

Die alte Natur ist das, was wir in Adam sind. Der Herr Jesus starb dafür genauso wie für die Sünden, die wir getan haben. Dies ist ein Trost, denn *das, was wir sind, ist viel schlimmer als alles, was wir je getan haben.*

Keine Aussage, die wir über den alten Menschen gemacht haben, leugnet, daß Ungläubige oft freundlich, mitfühlend, liebevoll und großzügig sein können. Dieses Verhalten kann auf verschiedene Weise erklärt werden. Es könnte ein natürlicher Instinkt sein, wie z. B. die Liebe einer Mutter zu ihrem Kind. Es kann eine Impulshandlung sein, oder aber erlerntes Verhalten. Es kann auf den Einfluß des Christentums zurückzuführen sein, das Salz und Licht der Welt ist. Und es kann sogar von dem Verlangen motiviert sein, sich die Erlösung zu verdienen. Was immer die Ursache ist, eines ist sicher: Das erste echte gute Werk, das ein ungläubiger Mensch tun kann, ist, auf Christus zu vertrauen: „Dies ist das Werk Gottes, daß ihr an den glaubt, den er gesandt hat“ (Joh 6,29).

Der Neue Mensch

Wenn jemand von neuem geboren wird, erhält er oder sie eine neue Natur eingepflanzt, eine göttliche Natur (2Petr 1,4), das Leben Christi. Dieser neue Mensch *kann nicht* sündigen, weil er von Gott geboren ist (1Jo 3,9).

Diese neue Natur ist gut und kann nur Gutes tun. Wir nennen sie „das Wesen Christi“ oder den „neuen Menschen“.

Der neue Mensch ernährt sich von allem Reinen und Heiligen. Er reagiert eifrig auf das Wort Gottes. Er erfreut sich am Gesetz des Herrn. Seine Gebote sind für ihn keine Last, sondern genau das, was der neue Mensch gern tut. Die Gebote sind für ihn so, als ob man einer Mutter sagen würde, gut für ihr Kind zu sorgen, denn das ist genau das, was sie tun möchte.

Die beiden Naturen können mit dem Raben und der Taube verglichen werden, die Noah aus der Arche fliegen ließ. Der Rabe kam nie zurück, denn es reichte ihm, sich von all dem Aas zu ernähren, das auf dem Wasser umhertrieb. Die Taube dagegen, die für den neuen Menschen steht, kam zur Arche zurück, bis sie einen reinen Ort finden konnte, wo sie ruhen und fressen konnte.

Wie wahr sind doch die Worte des Herrn Jesus: „Was aus dem Fleisch geboren ist, ist Fleisch, und was aus dem Geist geboren ist, ist Geist“ (Joh 3,6).

Ein ständiger Kampf!

Ein Neubekehrter beschrieb einmal seine zwei Naturen auf eindrückliche Weise: „Die Sünde ist aus meinem Herzen genommen, doch mein Großvater lebt noch in meinen Knochen.“

Sobald ein Mensch gerettet ist, fangen die beiden Naturen an, einander zu bekämpfen. Das ist nicht weiter erstaunlich. Wie könnten auch zwei Wesen, die einander so entgegengesetzt sind, in Frieden leben? Rebekkas Mutterleib, in dem zwei Kinder miteinander stritten, ist ein Bild für diesen Kampf (1Mo 25,22.23). Sie fragte: „Wenn es so steht, warum trifft mich dies?“

Paulus beschreibt diesen Konflikt in Römer 7,14-25 sehr eindrücklich:

„Denn wir wissen, daß das Gesetz geistlich ist, ich aber bin fleischlich, unter die Sünde verkauft; denn was ich vollbringe, erkenne ich nicht; denn nicht, was ich will, das tue ich, sondern was ich hasse, das übe ich aus. Wenn ich aber das, was ich nicht will, ausübe, so stimme ich dem Gesetz bei, daß es gut ist. Nun aber vollbringe nicht mehr ich es, sondern die in mir wohnende Sünde. Denn ich weiß, daß in mir, das ist in meinem Fleisch, nichts Gutes wohnt; denn das Wollen ist bei mir vorhanden, aber das Vollbringen des Guten nicht. Denn das Gute, das ich will, übe ich nicht aus, sondern das Böse, das ich nicht will, das tue ich. Wenn ich aber das, was ich nicht will, ausübe, so vollbringe nicht mehr ich es, sondern die in mir wohnende Sünde.

Ich finde also das Gesetz, daß bei mir, der ich das Gute tun will, nur das Böse vorhanden ist. Denn ich habe nach dem inneren Menschen Wohlgefallen am Gesetz Gottes. Aber ich sehe ein anderes Gesetz in meinen Gliedern, das dem Gesetz meines Sinnes widerstreitet und mich in Gefangenschaft bringt unter das Gesetz der Sünde, das in meinen Gliedern ist. Ich elender Mensch! Wer wird mich retten von diesem Leibe des Todes? - Ich danke Gott durch Jesus Christus, unseren Herrn!

Also diene ich nun selbst mit dem Sinn Gottes Gesetz, mit dem Fleisch aber der Sünde Gesetz.“

Ein Bild eines Kampfes, der ähnlich ist, aber nicht derselbe, ist die Schlacht zwischen Fleisch und Geist (Gal 5,17):

„Denn das Fleisch begehrt gegen den Geist auf, der Geist aber gegen das Fleisch; denn diese sind einander entgegengesetzt, damit ihr nicht das tut, was ihr wollt.“

Es ist kein Wunder, daß sich Gläubige manchmal schizophren fühlen, als ob sie gespaltene Persönlichkeiten wären wie Dr. Jeckyll and Mr. Hyde! Kein Wunder, daß sie wie Rebekka von diesem inneren Konflikt verwirrt sind. Sie dachten doch (ganz richtig), daß der alte Kampf vorbei sein würde, wenn sie dem Herrn vertrauten, doch nun bemerken sie, daß ein *neuer* schlimmer Kampf begonnen hat, und sind verzweifelt. Sie können in diesem Zustand sogar ihre Errettung bezweifeln.

Solche Gläubige dürfen wissen, daß jeder Christ, auch der heiligste, diesen Kampf zu führen hat (1Kor 10,13), und daß dieser Kampf bis zum Tod oder bis zur Entrückung weitergeht. Anstatt den Kampf als einen Beweis dafür zu nehmen, daß sie nicht errettet sind, ist es weit wahrscheinlicher, daß der Kampf die Bestätigung dafür ist, *daß* sie errettet sind.

Welche Natur gewinnt?

Der Heilige Geist ist derjenige, der uns von der Macht der in uns wohnenden Sünde befreit (Gal 5,17). Der gottesfürchtigste Gläubige hat diese Macht nicht selbst. Doch sind *der Gehorsam und die Zusammenarbeit des Christen notwendig*.

Der Gläubige ist derjenige, der bestimmt, wer den Kampf für sich entscheidet. Wen er ernährt, wird gewinnen. Er kann nicht das Fleisch mit Fernsehen, Kino und weltlicher Literatur und Unterhaltung nähren und dann erwarten, daß der neue Mensch sich durchsetzt. Er kann nicht den Wolf füttern und erwarten, daß das Lamm gewinnt.

Deshalb wird dem Gläubigen in Römer 13,14 geraten: „Treibt nicht Vorsorge für das Fleisch, daß Begierden wach werden" und in 1. Petrus 2,11, daß wir uns „der fleischlichen Lüste, die gegen die Seele streiten, enthalten" sollen.

Positiv gesagt, er sollte viel Zeit über der Bibel, im Gebet und im Dienst für den Herrn verbringen. Wir brauchen alle unsere Kräfte, um ein geheiligtes Leben zu führen.

Keine Ausreden, bitte!

Wir dürfen unsere Sünden nicht damit entschuldigen, daß wir der alten Natur die Schuld geben. Damit schieben wir die Schuld ab, aber das funktioniert nicht. Gott hält uns als Person dafür verantwortlich, nicht die alte Natur.

Wenn wir Sünden entschuldigen, dann fällt es uns leichter, sie zu begehen. Diese Angewohnheit schwächt unseren Widerstand nur.

Schlußfolgerung

Sowohl die Bibel als auch unsere Erfahrung sagen uns, daß wir zwei Naturen haben. Man mag sie verschieden bezeichnen, doch sie sind auf jeden Fall Realität. Wenn wir dies als Gläubige nicht erkennen, dann fühlen wir uns wie ein lebendiger Widerspruch. Oder wir könnten sogar an der Echtheit unserer Errettung zweifeln. Oder wir führen ein Leben in ständiger Niederlage.

Die Lösung dieses Dilemmas liegt darin, auf die bösen Begierden des alten Menschen so zu reagieren, wie es ein Toter tun würde, und sich ganz der Kontrolle des Heiligen Geistes hinzugeben. Solange wir das tun, werden wir die Lust des Fleisches nicht erfüllen (Gal 5,16).

Kapitel 8

Der Heilige Geist in uns, die Geistestaufe und die Erfüllung mit dem Heiligen Geist

Wenn wir die Lehre über den Heiligen Geist betrachten, entdecken wir, daß hier mehrere wichtige Unterscheidungen zu treffen sind. Wir müssen zwischen dem *Wohnen des Heiligen Geist in uns*, der *Geistestaufe* und der *Erfüllung mit dem Heiligen Geist* unterscheiden. Auch müssen wir die Taufe mit dem Heiligen Geist von der Taufe mit Feuer unterscheiden. Weiter müssen wir eine souveräne Erfüllung mit dem Geist von einer unterscheiden, die in unserer *eigenen* Verantwortung liegt.

Der Heilige Geist wohnt in uns

Sobald jemand wiedergeboren wird, kommt der Heilige Geist Gottes, um in ihrem oder seinem Leib zu wohnen (1Kor 6,19): „Oder wißt ihr nicht, daß euer Leib ein Tempel des Heiligen Geistes in euch ist, den ihr von Gott habt, und daß ihr nicht euch selbst gehört?“ Wer den Heiligen Geist nicht hat, ist kein echter Christ (Röm 8,9b). Sobald die dritte Person der Dreieinigkeit in einem Menschen wohnt, wird er ihn nie mehr verlassen (Joh 14,16). Woher wissen wir, daß er in uns wohnt? Wir wissen es sofort, weil das Wort Gottes es uns sagt. Doch mit der Zeit erkennen wir es an den Veränderungen, die er in unserem Leben hervorbringt. Daß wir den Geist haben, ist nicht in erster Linie eine gefühlsmäßige Angelegenheit, obwohl die Gefühle ganz selbstverständlich eine Rolle gespielt haben können. Wir werden an keiner Stelle aufgefordert, darum zu beten oder uns danach auszustrecken, daß der Geist in uns wohnen möge. Wir empfangen den Heiligen Geist in dem Augenblick, da wir an den Herrn Jesus Christus glauben.

Die Geistestaufe

In bezug auf die Geistestaufe ist 1. Korinther 12,13 der Schlüsselvers:

„Denn in einem Geist sind wir alle zu einem Leib getauft worden, es seien Juden oder Griechen, es seien Sklaven oder Freie, und sind alle mit einem Geist getränkt worden."

Hier erfahren wir, daß die Geistestaufe der Dienst des Geistes ist, der den Gläubigen dem Leib Christi einverleibt, d. h. der Gemeinde. Die ursprüngliche Taufe mit dem Geist fand zu Pfingsten statt, als die Gemeinde gegründet wurde. Seit damals wird jeder, der gerettet wird, zur Gemeinde durch die Geistestaufe hinzugefügt.

Mit anderen Worten: Alle Gläubigen haben diese Taufe unabhängig von ihrer Rasse oder Kultur empfangen. Sie findet gleichzeitig mit der Wiedergeburt statt, nicht danach, und braucht im Leben eines Christen nie wiederholt zu werden.

Niemandem wird in der Bibel *befohlen*, mit dem Geist getauft zu werden. Das passiert automatisch, wenn ein Sünder seinen Heiland annimmt. Es handelt sich nicht um eine gefühlsmäßige Erfahrung.

Wir wissen nur durch die Bibel von dieser Wahrheit.

Die Taufe mit Feuer

Die Taufe mit Feuer ist nicht dasselbe wie die Geistestaufe. Es handelt sich hierbei um eine *Gerichtstaufe*, nicht um eine Segnung oder ein Vorrecht.

Als Johannes der Täufer vor einem gemischten Publikum aus Gläubigen und Ungläubigen sprach, sagte er: „Er [Christus] wird euch mit Heiligem Geist und Feuer taufen“ (Mt 3,11; Lk 3,16). Johannes fährt dann fort mit der Erklärung, daß die Taufe mit Feuer ein göttlicher Gerichtsakt ist:

„Seine Worfschaufel ist in seiner Hand, und er wird seine Tenne durch und durch reinigen und den Weizen in seine Scheune sammeln; die Spreu aber wird er verbrennen mit unauslöschlichem Feuer“ (Lk 3,17; s. a. Mt 3,12).

Aus dem Zusammenhang geht hervor, daß das Feuer *Gericht* bedeutet. Es handelt sich *nicht* um wünschenswerte Extase oder enthusiastische Erlebnisse!

Doch an Stellen, an denen keine Ungläubigen unter den Zuhörern erwähnt werden, sagte Johannes: „Er aber wird euch mit Heiligem Geist taufen“ (Mk 1,8; Joh 1,33). Hier wird überhaupt kein Feuer erwähnt.

Die Taufe mit dem Geist ist ein Ereignis, das für die *Gläubigen* in der *Vergangenheit* liegt. Die Taufe mit Feuer ist ein *zukünftiges* Ereignis für *Ungläubige*.

Zwei Aspekte der Erfüllung mit dem Heiligen Geist

Der Ausdruck „Erfüllung mit dem Geist“ wird im Neuen Testament auf zwei verschiedene Weisen angewandt. Wer das nicht erkennt, gerät in beträchtliche

Verwirrung, wenn er versucht, die Schriftstellen zu diesem Thema miteinander in Einklang zu bringen.

Als erstes gibt es die Erfüllung mit dem Geist, die wir als „souverän“ bezeichnen könnten. So lesen wir z. B., daß Johannes der Täufer „schon von Mutterleibe an mit Heiligem Geist erfüllt werden“ würde (Lk 1,15b). Offensichtlich mußte der Säugling Johannes keinerlei Bedingungen erfüllen, um mit dem Geist erfüllt zu werden! Gottes Souveränität schenkte ihm die Erfüllung mit dem Geist, um den Täufer für seinen einzigartigen Dienst als Vorläufer des Messias vorzubereiten.

Es gibt ähnliche souveräne Erfüllungen mit dem Geist in der Apostelgeschichte. Hier nur zwei davon:

Petrus wurde mit dem Geist erfüllt, um ihn zu einer furchtlosen Ansprache vor dem Sanhedrin auszurüsten (Apg 4,8-12).

Und weil der Herr Paulus mit dem Geist erfüllte, war der Apostel in der Lage, eine schneidende Anklagerede gegen den Zauberer Elymas vorzutragen (Apg 13,1-9).

Werdet voll Geist

Die andere Art der Erfüllung mit dem Geist ist ganz anders als die eben besprochene „souveräne Erfüllung“. Es handelt sich um ein *Gebot* an jeden Gläubigen, nichts, was seiner oder ihrer Kontrolle entzogen wäre. Der Schlüsseltext zu diesem Thema findet sich in Epheser 5,18: „Und berauscht euch nicht mit Wein, worin Ausschweifung ist, sondern werdet voll Geist.“

Das Verb „werdet voll“ deutet eine beständige Verpflichtung an, nicht ein einzelnes krisenhaftes Erleben des Heiligen Geistes.[5] Die Erfüllung mit dem Geist wird hier der Ausschweifung des sich Betrinkens mit

Wein gegenübergestellt. Beachten wir die folgenden Unterschiede:

Betrunken durch Alkohol	*Erfüllt mit dem Geist*
• Rede lallend, evtl. verwirrt • Wandel taumelnd und ziellos • Der Betreffende steht unter der Kontrolle alkoholischer „Geister" • Verlust der Selbstbeherrschung • Gekennzeichnet von Ausschweifung • Verminderter Widerstand gegen Sünde • Entehrend und beschämend • Alkohol betäubt	• Rede rein und Christus Ehre machend • Wandel heilig und zielstrebig • Der Betreffende steht unter der Kontrolle des Heiligen Geistes • Kein Verlust der Selbstbeherrschung • Keine Gefahr der Ausschweifung • Erhöhter Widerstand gegen Sünde • Vorbildlich und edel • Erfüllung regt an

Wie wird man voll Geist?

Wir haben schon vorher erwähnt, daß es bestimmte Bedingungen zu erfüllen gilt, damit man die Erfüllung mit dem Geist erleben kann. Jemand hat das mal so ausgedrückt, daß wir uns selbst „auf den Weg des Segens stellen" müssen. Wie kann man das nun tun?

Sünden ohne Verzögerung bekennen und lassen (1Jo 1,9; Spr 28,13)

Ständig den eigenen Leib Christus als lebendiges Opfer darbringen (Röm 12,1.2).

Sich ständig vom Wort Gottes erfüllen lassen (Kol 3,16).

Viel Zeit im Gebet und der Anbetung zubringen (2Kor 3,18; Mt 7,7).

Sich eng einer christlichen Gemeinschaft anschließen (Hebr 10,25)

Alles zur Ehre Gottes tun (1Kor 10,31).

Jemand, der mit dem Heiligen Geist erfüllt ist, verkündigt diese Tatsache nicht ständig anderen. Er ist zurückhaltend und verherrlicht Christus (Joh 3,30; 16,14). Je mehr er im Geist wandelt, desto bewußter ist er sich seiner eigenen Wertlosigkeit und seines mangelnden Verdienstes.

Es ist gut, sich daran zu erinnern, daß die Erfüllung mit dem Heiligen Geist kein Gefühl ist, sondern Heiligung. Natürlich sind die Gefühle beteiligt, so wie in vielen anderen Bereichen des christlichen Lebens auch, aber sie sind nicht das Wesentliche. Unsere menschlichen Gefühle sind ein *Nebenprodukt* der Erfüllung mit dem Heiligen Geist.

Ein Wort zum Schluß

Ein Gläubiger kann ein Erlebnis haben, das wir eine Krisenerfahrung mit dem Heiligen Geist nennen können, die sich jedoch von allem unterscheidet, was wir bisher besprochen haben. Dies kann z. B. geschehen, wenn jemand von einem Leben im Rückgang zur vollen Gemeinschaft mit dem Herrn wiederhergestellt wird, oder wenn er sich Christus erneut auf tiefere und vollere Weise als bisher hingibt. Solche Erfahrungen sind sehr erstrebenswert und können mit starken Gefühlen einhergehen. Jedoch handelt es sich nicht um dasselbe wie die Tatsache, daß der Geist in uns wohnt, oder um die Taufe mit dem Heiligen Geist. Hoffentlich handelt es sich um eine Erfahrung, die zu einem Prozeß führt, den wir als die Erfüllung mit dem Geist kennen, doch die Erfüllung mit dem Geist selbst ist keine einmalige Errungenschaft. Es handelt sich um einen lebenslangen *Prozeß*. Diese Dienste des Geistes mit biblischen Ausdrücken falsch zu belegen, die in Wirklichkeit *andere* Aspekte des Lebens im Geist bezeichnen, führt nur zur lehrmäßigen Verwirrung.

Kapitel 9

Stellung und Zustand

Es gibt keinen Schlüssel, der hilfreicher ist, die neutestamentlichen Briefe zu erschließen, als die Fähigkeit, zwischen der Stellung und dem Zustand des Gläubigen zu unterscheiden. Wenn man diesen Unterschied nicht erkennt, dann werden uns einige Abschnitte total verwirren und sich scheinbar sogar widersprechen.

Stellung und Zustand nennt man manchmal auch Position und Praxis, dabei ist die Bedeutung dieselbe. Kurz gesagt: Die Position des Christen ist seine Stellung in Christus - was er in Christus ist. Seine Praxis ist, was er von sich selbst aus ist - oder besser, wie er sein sollte. Das erste hat mit der Lehre zu tun, das zweite mit der Praxis. Das erste ist eine Tatsache, das zweite ist eine Erfahrung.

Es besteht ein Unterschied zwischen dem, was ein Gläubiger in Christus ist, und was er in sich selbst ist. Die Gnade hat dem Betreffenden eine vollkommene Stellung vor Gott geschenkt. Er ist begnadigt in dem Geliebten (Eph 1,6) und in Christus zur Fülle gebracht (Kol 2,10). Seine Sünden sind vergeben, und er ist mit der Gerechtigkeit Gottes bekleidet (2Kor 5,21). Es ist keine Überheblichkeit, wenn er von sich sagt:

Nahe, so nahe bei Gott,
daß ich nicht näher sein könnte,
denn in der Person des Sohnes Gottes
bin ich so nahe wie er.

Meinem Gott bin ich so lieb,
wie ich ihm lieber nicht sein könnte.
Die Liebe, die er seinem Sohn entgegenbringt,
ist gleich seiner Liebe zu mir.

Catesby Paget

Der Zustand des Gläubigen ist dagegen etwas ganz anderes. Unglücklicherweise ist er alles andere als vollkommen! In den meisten Fällen ist der Zustand jeden Tag anders. Manchmal ist der Gläubige auf den Höhen des geistlichen Lebens, zu anderen Zeiten dagegen ist er in den Tälern der Niederlage.

Nun ist es Gottes Wille, daß unser Zustand immer mehr unserer Stellung entspricht. Aus Liebe zu dem, der für uns starb, sollte unser Alltagsleben immer mehr dem Leben Christi entsprechen. Wie Philip Brooks einmal sagte: „Das Christentum kennt keine Wahrheit, die nicht Vater der Pflicht ist.“ Natürlich werden wir in diesem Leben niemals ganz vollkommen sein. Das wird erst dann geschehen, wenn wir sterben oder unser Heiland auf die Erde zurückkehrt. Doch der Prozeß sollte fortschreiten, wir sollten in unserem Zustand immer mehr dem ähnlich werden, was wir von unserer Stellung her schon sind.

Wenn wir den Heiland sehen werden, werden wir ganz automatisch sein wie er (1Jo 3,2). Diese Verwandlung wird durch göttliche Kraft vor sich gehen, ohne daß wir daran teilhaben. Doch bringt es Gott viel mehr Ehre, wenn sein Volk in diesem Leben dem Herrn Jesus ähnlicher wird, ganz zu schweigen davon, daß es natürlich eine viel bessere „Reklame" für die Wahrheit des christlichen Glaubens ist.

Der Unterschied zwischen Stellung und Zustand

Wie kann man nun entscheiden, ob ein bestimmter Abschnitt von unserer Stellung oder von unserem Zustand spricht? Nun, man sollte nach Ausdrücken wie „in Christus" oder „in dem Geliebten" oder „in ihm" Ausschau halten. Wenn man einen solchen Ausdruck findet, kann man in der Regel davon ausgehen, daß der Verfasser von unserer Stellung spricht (s. Eph 1,3-14). Der beste Hinweis darauf, daß wir es mit unserem Zustand zu tun haben, ist ein Ausdruck, der uns sagt, was wir *tun* oder *sein sollten*.

Immer wieder werden wir im Neuen Testament die Reihenfolge finden, daß zuerst unsere Stellung besprochen wird und dann der Zustand. Viele Briefe sind in dieser Weise aufgebaut. Im Epheserbrief beschreiben z. B. die ersten drei Kapitel, was wir in Christus *sind*, die letzten drei beschreiben, wie wir in unserem Alltag *sein sollten*. In den ersten drei Kapiteln finden wir uns selbst im Himmel bei Christus wieder, in den letzten drei werden die schwierigen Probleme der Familie und der Arbeitswelt behandelt.

Beispiele für solche Unterschiede

Nun sollten wir uns einmal anschauen, wie hilfreich es ist, diesen Unterschied im Hinterkopf zu haben, wenn wir das Neue Testament lesen. Ich bringe hier acht einfache Beispiele für den Unterschied zwischen Stellung und Zustand.

Beispiel 1

„Denn mit einem Opfer hat er die, die geheiligt werden, für immer vollkommen gemacht" (Hebr 10,14).

„Ihr nun sollt vollkommen sein, wie euer himmlischer Vater vollkommen ist" (Mt 5,48).

Der erste Vers sagt, daß alle Gläubigen vollkommen *sind*, der zweite sagt aus, daß alle Gläubigen vollkommen sein *sollten*. Das wäre widersprüchlich, wenn wir nicht erkennen würden, daß bei dem ersten Vers von unserer Stellung, im zweiten von unserem Zustand die Rede ist.

Beispiel 2

„Wir, die wir der Sünde gestorben sind, wie sollten wir noch in ihr leben" (Röm 6,2)?

„So auch ihr, haltet euch der Sünde für tot" (Röm 6,11a).

Du *bist* der Sünde gestorben - das ist die Stellung, die dir die Gnade verliehen hat. Jetzt *sei* im Alltag der Sünde abgestorben - so sollte dein Zustand sein.

Beispiel 3

„So viele ihn aber aufnahmen, denen gab er das Recht, Kinder Gottes zu werden, denen, die an seinen Namen glauben" (Joh 1,12).

„Seid nun Nachahmer Gottes als geliebte Kinder" (Eph 5,1)!

Sobald man wiedergeboren wird, ist man ein Kind Gottes. Von da an sollte man als geliebtes Kind Gottes

Nachahmer sein. Alle, die Gottes Kinder sind, sollten eine gewisse Familienähnlichkeit haben, d. h. Gott ähnlich sein.

Beispiel 4

„Gott ist treu, durch den ihr berufen worden seid in die Gemeinschaft seines Sohnes Jesus Christus, unseres Herrn“ (1Kor 1,9).

„Ich ermahne euch nun, ... wandelt würdig der Berufung, mit der ihr berufen worden seid“ (Eph 4,1).

Wir sind zu einer wunderbaren Gemeinschaft berufen. Doch das Vorrecht gibt uns auch Pflichten. Wir sollten unserer Berufung würdig leben.

Beispiel 5

„Allen Geliebten Gottes, berufenen Heiligen in Rom“ (Röm 1,7).

„... damit ihr sie im Herrn aufnehmt, der Heiligen würdig“ (Röm 16,2).

Paulus spricht die Christen in Rom als „Heilige“ an, denn sie waren „Abgesonderte.“ Waren sie gerettet, dann waren sie auch Heilige. Doch Heilige sollten heilig leben. Das ist die praktische Seite dieser Wahrheit, wie sie in Römer 16,2 dargestellt wird.

Beispiel 6

„Durch den wir mittels des Glaubens auch Zugang erhalten haben zu dieser Gnade, in der wir stehen“ (Röm 5,2a).

„Ich hoffe aber im Herrn Jesus, Timotheus bald zu euch zu senden, damit auch ich guten Mutes sei, wenn ich um euer Ergehen weiß“ (Phil 2,19).

Die Gnade, in der wir stehen, ist unsere Vorrechtsstellung in Christus. Unser Zustand ist unser tägliches Verhalten als Gläubige.

Beispiel 7

Als letztes Beispiel wollen wir Kolosser 3,1-5 nehmen und zeigen, wie Paulus zwischen Stellung und Zustand wechselt.

Stellung	Zustand
„Wenn ihr nun mit dem Christus auferweckt worden seid ..." (V. 1a)	
	„... so sucht, was droben ist, wo der Christus ist, sitzend zur Rechten Gottes." (V. 1b)
	„Sinnt auf das, was droben ist, nicht auf das, was auf der Erde ist ..." (V. 2)
„... denn ihr seid gestorben, und euer Leben ist verborgen mit dem Christus in Gott." (V. 3)	

Paulus sagt hier praktisch: „Ihr *seid gestorben*, nun sollt ihr auch *tot sein*. Ihr *seid* auferstanden, nun *führt* auch das *Auferstehungsleben*. Was uns sonst unverständlich bliebe, wird klar, wenn wir erkennen, daß Paulus einerseits über das spricht, was wir in Christus sind, und andererseits über das, was wir von uns selbst sein sollten.

Ein persönliches Beispiel

Als Abschluß möchte ich zeigen, wie die Unterscheidung zwischen Stellung und Zustand mir durch eine schwierige Zeit hindurchgeholfen hat. Nachdem ich gläubig geworden war, hörte ich immer wieder Leute, die 2. Korinther 5,17 zitierten, wenn sie ihr Zeugnis gaben: „Darum, ist jemand in Christus, so ist er eine neue Kreatur; das Alte ist vergangen, siehe, es ist alles neu geworden“ (Luther 1912).

Sie erzählten dann, welch wunderbare Veränderung sie erlebt hätten - wie *alles* alte nun wie weggewischt sei und *alles* neu geworden sei. Ich saß dann da und dachte: „Ich wünschte, ich könnte von *mir* sagen, daß all die alten Dinge in meinem Leben verschwunden seien und daß alles neu geworden sei.“ Doch das war nicht der Fall. Ich hatte noch immer einige alte Angewohnheiten, einige böse Gedanken, Zornausbrüche und viele andere alte Grabtücher, die ich aus den Tagen meiner Bekehrung mit mir herumschleppte. Manchmal zweifelte ich schon an meiner Errettung.

Dann bemerkte ich eines Tages den Ausdruck „in Christus“ und mein Herz sprang vor Freude. Ich erkannte, daß dieser Vers über meine Stellung sprach, nicht über meinen Zustand. Und „in Christus“ *stimmte* das auch alles. In ihm war all das Alte *wirklich* verschwunden - das Verdammungsurteil, die Herrschaft Satans, die Furcht vor dem Tode und so weiter. In ihm war alles neu - Vergebung, Annahme, Rechtfertigung, Heiligung und ganz viele andere Segnungen. Von diesem Zeitpunkt an hatte dieser Vers seinen Schrecken für mich verloren. Ich liebte ihn sogar. Und das Wissen, was ich in Christus bin, weckt in mir den Wunsch, mein ganzes Leben lang für ihn, meinen Herrn, zu leben.

Frage: In 1. Korinther 5,7 und in 1. Petrus 2,9 finden sich sowohl die Stellung als auch der Zustand. Können Sie beides herausfinden?

Kapitel 10

Größe der Person oder Größe der Stellung

Es gibt einige Schriftstellen, bei denen es wichtig ist herauszufinden, ob der Verfasser über den *Charakter* eines Menschen spricht oder über seine *Aufgabe*. So kann jemand zum Beispiel größer sein als jemand anderer, weil er von sich aus ein *besserer Mensch* ist. Dagegen kann mehr Größe auch einfach bedeuten, daß der Betroffene ein höheres *Amt* innehat.

Johannes der Täufer

Jesus sagte: „Wahrlich, ich sage euch, unter den von Frauen Geborenen ist kein Größerer aufgestanden als Johannes der Täufer" (Mt 11,11a). Das bedeutet *nicht*, daß Johannes einen besseren Charakter als Abraham, Josef, Mose oder Daniel gehabt hätte. Es bedeutet auch nicht, daß er freundlicher, gottesfürchtiger, demütiger oder liebevoller gewesen wäre. Es bedeutet jedoch, daß seine Stellung als Vorläufer des Messias eine großartigere Aufgabe war, als sie je einer seiner Vorgänger gehabt hat. Kein einziger vor ihm hatte das Vorrecht, dem Herrn den Weg zu bereiten, seine Ankunft zu verkünden oder ihn zu taufen. In dieser Hinsicht war Johannes einzigartig.

Der kleinste im Reich

Nachdem Jesus über die überlegene *Stellung* von Johannes gesprochen hat, fügt er hinzu: „... der Kleinste aber im Reich der Himmel ist größer als er" (Mt 11,11b). Und wieder geht es nicht darum, daß der Kleinste im Reich einen besseren Charakter oder eine makellosere Lebensführung als Johannes der Täufer hat. Es geht vielmehr darum, daß Johannes zwar das Reich angekündigt hat, aber die Gläubigen heute *Bürger* dieses Reiches sind.[6]

Johannes beschrieb sich selbst als „Freund des Bräutigams" (Joh 3,29), während Gottes Volk heute seine *Braut* ist. Die Braut hat eine höhere Stellung als der Freund des Bräutigams und ist in dieser Hinsicht größer.

Maria

Der Engel Gabriel sagte zur Jungfrau Maria: „Sei gegrüßt, Maria! Gott will dich beschenken. Er hat dich unter allen Frauen auserwählt" (Lk 1,28). Unbestritten war Maria eine gottesfürchtige junge Frau, keusch und mit einem makellosen Lebenswandel. Doch ihre wahre Größe besteht in der Tatsache, daß sie die Mutter unseres Mensch gewordenen Herrn war. Sogar sie selbst gab zu, daß sie eine Sünderin war, weil sie Gott ihren „Heiland" nannte (Lk 1,47). Ihr Charakter war nicht *notwendigerweise* besser als der von Ruth oder Hanna. Doch ihre Aufgabe war einzigartig.

Eines Tages sagte ein Bewunderer zu Jesus: „Glückselig der Leib, der dich getragen, und die Brüste, die du gesogen hast!" (Lk 11,27). Jesus antwortete: „Gewiß, doch viel mehr glückselig, die das Wort Gottes hören und bewahren!" (V. 28, nicht revidierte Elberf). Das bedeutet, daß es noch besser ist, ein gehorsamer Jünger Christi zu sein, als sogar seine Mutter zu sein. Und es bedeutet auch, daß Maria durch den Glauben an Christus viel gesegneter war als durch die Tatsache, den Heiland geboren zu haben.

Der Vater ist größer als ich

Ein Abschnitt, in dem es besonders wichtig ist, zwischen Charakter und Stellung zu unterscheiden, ist Johannes 14,28, wo Jesus sagte: „Ihr habt gehört, daß ich euch gesagt habe: Ich gehe hin, und ich komme zu euch. Wenn ihr mich liebtet, so würdet ihr euch freuen, daß ich zum Vater gehe, denn der Vater ist größer als ich." Sekten und andere, die die Gottheit Christi leugnen, überstrapazieren diese letzten Worte „der Vater ist größer als ich", indem sie sie aus dem Zusammenhang reißen in dem Versuch zu beweisen, daß der Sohn nicht dem Vater gleich ist, und leugnen damit die Dreieinigkeit.

Aber was bedeutet dann dieser Vers? Als unser Herr diese Worte sprach, war er auf der Erde und hatte allerlei Feindschaft, Vorwürfe und Beschimpfungen von seinen Geschöpfen zu ertragen. Er wurde abgelehnt, verachtet und gedemütigt. Der Vater dagegen war im Himmel und unterlag keiner solchen Behandlung. In diesem Sinne war der Vater größer als der Sohn - größer in seiner Stellung, doch nicht als Person. Wenn die Jünger wirklich den Herrn lieb gehabt hätten, dann hätten sie sich bei der Ankündigung seiner Rückkehr in den Himmel gefreut, weil er nun nicht länger menschliche Beleidigungen und unverschämte Behandlung ertragen müßte. Im Himmel ist seine Stellung nämlich dieselbe wie die des Vaters - keines seiner Geschöpfe kann ihn dort verfolgen.

Die Argumentation hat hier nichts mit dem persönlichen Charakter zu tun. In dieser Hinsicht ist der Sohn Gottes in jeder Hinsicht dem Vater gleich. Doch solange der Sohn auf der Erde war und die Feindschaft der Sünder gegen sich selbst ertragen mußte, war der Vater größer als er bezüglich seiner Stellung oder Position.

Jesus größer als ...

In Matthäus 12 sagt der Herr Jesus von sich aus, daß er größer als der Tempel sei (V. 6), größer als Jona (V. 41) und größer als Salomo (V. 42).[7] Hier geht es um mehr als eine Frage der Stellung oder der Rolle. Er ist größer als der Tempel, weil er ihn entworfen und seine Riten begründet hat. Er ist größer als Jona von seiner Person her, in seiner Botschaft und in seinen Ergebnissen. Er ist größer als Salomo in seiner Herrlichkeit und Weisheit: Denn er ist derjenige, der diesem König die Weisheit geschenkt hat.

Den Zusammenhang beachten

Allgemein gesprochen erklärt der Zusammenhang, ob es in einem Abschnitt um *persönlichen Charakter* oder *um die Würde der Stellung* geht. Wenn es um den Herrn Jesus geht, dann gibt es natürlich keine Frage, daß er auch *in seiner Person* überlegen ist! Er ist immer größer als der Größte und besser als der Beste.

Kapitel 11

Errettung und Dienst

Wenn wir Gottes Wort lesen, können wir uns selbst viele Fehler und viel Verwirrung ersparen, wenn wir zwischen den Abschnitten unterscheiden, die sich mit der *Errettung* befassen und solchen, die sich mit dem christlichen Leben und *Dienst* beschäftigen.

Abschnitte über die Errettung

Allgemein gesprochen sind Abschnitte, in denen es um die Errettung geht, nicht schwer zu erkennen. Sie geben durchgehend Zeugnis von den folgenden Fakten:

Gottes Anteil an der Errettung ist die *Gnade*:

„... und werden umsonst gerechtfertigt durch seine Gnade, durch die Erlösung, die in Christus Jesus ist" (Röm 3,24).

Christi Anteil an der Errettung ist sein *stellvertretendes Werk* am Kreuz von Golgatha:

„Den, der Sünde nicht kannte, hat er für uns zur Sünde gemacht, damit wir Gottes Gerechtigkeit würden in ihm" (2Kor 5,21).

Der Anteil des Menschen an der Errettung ist der Glaube, und zwar ohne die Werke des Gesetzes:

„... aber da wir wissen, daß der Mensch nicht aus Gesetzeswerken gerechtfertigt wird, sondern nur durch den Glauben an Christus Jesus, haben wir auch an Christus Jesus geglaubt, damit wir aus Glauben an Christus gerechtfertigt werden und nicht aus Gesetzeswerken, weil aus Gesetzeswerken kein Fleisch gerechtfertigt wird“ (Gal 2,16).

Der Gläubige hat Glaubensgewißheit aufgrund der Autorität des *Wortes Gottes*:

„*Solches habe ich euch geschrieben, die ihr glaubet an den Namen des Sohnes Gottes, auf daß ihr wisset, daß ihr das ewige Leben habt, und daß ihr glaubet an den Namen des Sohnes Gottes*“ (1Jo 5,13; Luther 1912).

Es gibt völlige Sicherheit für das Kind Gottes: Es wird nie mehr verloren gehen oder die ewige Strafe für sein Sünden büßen müssen:

„Meine Schafe hören meine Stimme, und ich kenne sie, und sie folgen mir; und ich gebe ihnen ewiges Leben, und sie gehen nicht verloren in Ewigkeit, und niemand wird sie aus meiner Hand rauben. Mein Vater, der sie mir gegeben hat, ist größer als alle, und niemand kann sie aus der Hand meines Vaters rauben“ (Joh 10,27-29).

Abschnitte über den Dienst

Schwierigkeiten tun sich erst dann auf, wenn wir die Abschnitte nicht erkennen, in denen es eher um christliche Lebensführung und Dienst geht als um Errettung. Nehmen wir z. B. Johannes 15,1-11:

„Ich bin der wahre Weinstock, und mein Vater ist der Weingärtner. Jede Rebe an mir, die nicht Frucht bringt, die nimmt er weg; und jede, die Frucht bringt, die reinigt er, daß sie mehr Frucht bringe. Ihr seid schon rein um des Wortes willen, das ich zu euch geredet habe. Bleibt in mir und ich in euch. Wie die Rebe nicht von sich selbst Frucht bringen kann, sie bleibe denn am Weinstock, so auch ihr nicht, ihr bleibt denn in mir. Ich bin der Weinstock, ihr seid die Reben. Wer in mir bleibt und ich in ihm, der bringt viel Frucht, denn getrennt von mir könnt ihr nichts tun. Wenn jemand nicht in mir bleibt, so wird er hinausgeworfen wie die Rebe und verdorrt; und man sammelt sie und wirft sie ins Feuer, und sie verbrennen. Wenn ihr in mir bleibt und meine Worte in euch bleiben, so werdet ihr bitten, was ihr wollt, und es wird euch geschehen. Hierin wird mein Vater verherrlicht, daß ihr viel Frucht bringt und meine Jünger werdet. Wie der Vater mich geliebt hat, habe auch ich euch geliebt; bleibt in meiner Liebe. Wenn ihr meine Gebote haltet, so werdet ihr in meiner Liebe bleiben, wie ich die Gebote meines Vaters gehalten habe und in seiner Liebe bleibe. Dies habe ich zu euch geredet, damit meine Freude in euch sei und eure Freude völlig werde."

Das Thema des Abschnittes ist nicht Errettung von der Hölle, sondern *Fruchttragen*. Das heißt, es geht um die Verwirklichung der Frucht des Geistes im Leben des Christen (Gal 5,22.23). Der Abschnitt ist nicht an Sünder gerichtet, die einen Retter brauchen, sondern an Heilige, die Christusähnlichkeit brauchen. Wenn man das nicht erkennt, dann könnte man die Schlußfolgerung ziehen, daß Christen trotz allem ins höllische Feuer geworfen werden können. Was uns Johannes 15,6 wirklich lehrt, ist, daß die Welt den Namen und das Zeugnis eines zurückgegangen Heiligen nimmt und ihn bildlich gesprochen als wertlos ins Feuer wirft. Unerlöste haben nichts als Verachtung für eine „Rebe" (einen Gläubigen) übrig, die nicht am Weinstock bleibt.

Ein anderer Abschnitt, der oft mißverstanden wird,

findet sich in 1. Korinther 3,10-15:

„Nach der Gnade Gottes, die mir gegeben ist, habe ich als ein weiser Baumeister den Grund gelegt; ein anderer aber baut darauf; jeder aber sehe zu, wie er darauf baut. Denn einen anderen Grund kann niemand legen, außer dem, der gelegt ist, welcher ist Jesus Christus. Wenn aber jemand auf den Grund Gold, Silber, kostbare Steine, Holz, Heu, Stroh baut, so wird das Werk eines jeden offenbar werden, denn der Tag wird es klarmachen, weil er in Feuer geoffenbart wird. Und wie das Werk eines jeden beschaffen ist, wird das Feuer erweisen. Wenn jemandes Werk bleiben wird, das er darauf gebaut hat, so wird er Lohn empfangen; wenn jemandes Werk verbrennen wird, so wird er Schaden leiden, er selbst aber wird gerettet werden, doch so wie durchs Feuer."

Das Thema von *Vers 11* ist Errettung: Er lehrt, daß der Herr Jesus die einzig sichere Basis dafür ist. Doch der *Rest* des Abschnittes befaßt sich mit dem Bauen auf dieser Grundlage - mit anderen Worten mit *dem Dienst, der auf die Errettung folgt*. Es heißt hier nicht, daß die Gläubigen im Feuer erprobt werden, sondern ihre *Werke*. Der Gläubige selbst wird nicht verbrennen, aber es kann sein, daß seine *Werke* verbrennen. Die Betonung liegt hier nicht auf dem Glauben, der zur Errettung führt, sondern auf den Werken, die einen *Lohn* oder den Verlust von Lohn zur Folge haben.

Oder nehmen wir als weiteres Beispiel die Worte des Paulus in 1. Korinther 9,24-27:

„Wißt ihr nicht, daß die, welche in der Rennbahn laufen, zwar alle laufen, aber einer den Preis empfängt? Lauft so, daß ihr ihn erlangt. Jeder aber, der kämpft, ist enthaltsam in allem; jene freilich, damit sie einen vergänglichen Siegeskranz empfangen, wir aber einen unvergänglichen. Ich laufe nun so, nicht wie ins Ungewisse; ich kämpfe so, nicht wie einer, der in die Luft schlägt; sondern ich zerschlage meinen Leib und knechte ihn, damit ich nicht, nachdem ich anderen gepredigt, selbst verwerflich werde.“

In dem letzten Vers spricht Paulus von der Möglichkeit, am Ende „verwerflich“ zu werden (Gr. adokimos, wörtlich: nicht anerkannt). Im Zusammenhang geht es jedoch *nicht* um Errettung, sondern um Selbstdisziplin im christlichen Leben. Es bestand nie die Möglichkeit, daß Paulus nicht errettet sein könnte, denn er war in Christus angenommen. Doch wenn er sich nicht selbst disziplinierte, so konnte das dazu führen, daß sein Dienst „verwerflich“ wurde und er keinen Lohn dafür erhalten würde.

Die Unterscheidung zwischen Errettung und Dienst ist der Schlüssel, um einen der scheinbaren Widersprüche des Neuen Testament zu lösen. In Matthäus 12,30 sagte unser Herr:

„Wer nicht mit mir ist, ist gegen mich, und wer nicht mit mir sammelt, zerstreut.“

In Markus 9,40 heißt es jedoch:

„Denn wer nicht gegen uns ist, ist für uns.“

Auf den ersten Blick scheinen diese Verse in unauflöslichem Gegensatz zueinander zu stehen! Doch das Problem verschwindet, wenn wir erkennen, daß es in Matthäus 12,30 um die Errettung geht und in Markus 9,40 um den Dienst. Im ersten Fall spricht der Herr Jesus zu den Pharisäern, die ihn als Sohn Gottes ablehnten und ihn anklagten, seine Wunder in der Vollmacht

Satans zu vollbringen. Wenn es um die Person Christi geht, dann ist jeder, der nicht für ihn ist, gegen ihn.

Im zweiten Fall ging es um einen Mann, der im Namen Christi diente, doch nicht mit den Jüngern zusammen Christus folgte. Als sie es ihm verbaten, sagte Jesus: „Wehrt ihm nicht ... denn wer nicht gegen uns ist, ist für uns." Wenn es um den Dienst für Christus geht, dann ist jeder, der nicht gegen uns ist, für uns.

Diese Beispiele sollten zeigen, wie hilfreich es ist, Abschnitte, die mit der Errettung zu tun haben, von denen zu unterscheiden, in denen es um christliche Lebensführung und Dienst geht. Wenn man die Bibel liest, sollte man sich deshalb immer fragen, ob sich die betreffende Stelle beschäftigt mit:

Gottes Werk *für* uns - Errettung
Gottes Werk *in* uns - Heiligung oder
Gottes Werk *durch* uns - Dienst.

Kapitel 12

Richterliche und väterliche Vergebung

Wir finden im Wort Gottes zwei verschiedene Arten der Vergebung, und wenn wir die Schrift mit Sorgfalt studieren wollen, dann müssen wir lernen, zwischen beiden zu unterscheiden. Wir wollen sie die *richterliche* und die *väterliche* Vergebung nennen (auch wenn diese Bezeichnungen in der Bibel nicht erwähnt werden).

Definitionen

Um es recht einfach auszudrücken, verstehen wir unter *richterlicher* Vergebung die Vergebung, die ein Richter gewährt, und unter *väterlicher* Vergebung diejenige, die ein Vater gewährt. Der erste Ausdruck stammt aus dem Gerichtssaal, der zweite aus der Familie.

Die richterliche Vergebung

Gehen wir zunächst in den Gerichtssaal. Gott ist der Richter und der sündige Mensch ist der Angeklagte. Der Mensch hat sich der Sünde schuldig gemacht, und die Strafe dafür ist ewiger Tod. Doch der Herr Jesus erscheint vor Gericht und verkündigt: „Ich bezahle die Strafe, die dieser Mensch für seine Sünden verdient hätte, ich werde an seiner Statt sterben.“ Nun verkündigt der Richter dem sündigen Menschen: „Wenn du meinen Sohn als deinen Herrn und Erlöser annimmst, dann begnadige ich dich." Sobald der Mensch an seinen Erlöser glaubt, erhält er die richterliche Vergebung aller seiner Sünden. Er wird niemals für sie in der Hölle büßen müssen, weil Christus die Strafe getragen hat. Der begnadigte Sünder tritt nun in ein neues Verhältnis zu Gott ein: Gott ist nicht länger sein Richter, sondern sein Vater.

Väterliche Vergebung

So wenden wir uns nun der Familie zu, um ein Beispiel für die väterliche Vergebung zu finden. Gott ist der Vater, und der Gläubige ist das Kind. In einem unbeachteten Augenblick begeht das Kind eine Sünde. Was geschieht nun? Verurteilt der Vater das Kind zum Tode, weil es eine Sünde begangen hat? Natürlich nicht! Warum nicht? Weil Gott nicht länger der Richter, sondern der Vater ist. Was aber *geschieht*? Nun, die Gemeinschaft innerhalb der Familie ist zerstört. Die glückliche Familienatmosphäre ist dahin. Das Kind hat nicht seine Erlösung verloren, aber es hat die *Freude* an seiner Erlösung verloren. Es kann sein, daß es vom Vater bald zurechtgewiesen wird, damit die Gemeinschaft wieder hergestellt wird. Sobald das Kind seine Sünde bekennt, empfängt es die väterliche Vergebung.

Die richterliche Vergebung findet ein für alle mal zum Zeitpunkt der Bekehrung statt, die väterliche Vergebung findet immer dann statt, wenn ein Gläubiger eine Sünde läßt und sich von ihr trennt. Das lehrte Jesus in Johannes 13,8-10: Wir brauchen nur einmal das *Bad* der Wiedergeburt, um von der Strafe für die Sünde erlöst zu werden, doch wir brauchen in unserem Leben als Christen immer wieder Fußwaschung, damit wir die väterliche Vergebung empfangen.

Die beiden Arten der Vergebung im Kontrast

Die Unterschiede zwischen den beiden Arten der Vergebung kann man wie folgt in einer Tabelle darstellen:

	Richterliche Vergebung	*Väterliche Vergebung*
Stellung der Person	Sünder (Röm 3,23)	Kind (1Jo 3,2)
Verhältnis zu Gott	Richter (Ps 96,13)	Vater (Gal 4,6)
Folge der Sünde	Ewiger Tod (Röm 6,23)	Gestörte Gemeinschaft (1Jo 1,6)
Rolle Christi	Erlöser (1Tim 1,15)	Hoherpriester und Anwalt (Hebr 4,14-16; 1Jo 2,1)
Was dem Sünder fehlt	Erlösung (Apg 16,30)	Freude der Erlösung
Mittel zur Vergebung	Glaube (Apg 16,31)	Bekenntnis
Art der Vergebung	Gerecht (Röm 8,1)	Väterlich
Abgewendete Strafe	Hölle (Joh 5,24)	Züchtigung (1Kor 11,31.32) Verlust des Lohns beim Richterstuhl Christi (1Kor 3,15)
Positives Ergebnis	Neue Beziehung	Wiederhergestellte Gemeinschaft (Ps 32,5)
Häufigkeit	Ein für alle Mal (ein Bad der Wiedergeburt) (Joh 13,10)	Oft (viele Waschungen) (Joh 13,8)

Bibelstellen zur richterlichen Vergebung

Wenn wir an Verse kommen, die die Vergebung erwähnen, die uns ein für alle Mal als Sünder gewährt wird durch das Werk Christi, werden wir von nun an wissen, daß es um *richterliche* Vergebung geht. Die folgenden Beispiele zeigen das:

„In ihm haben wir die Erlösung durch sein Blut, die Vergebung der Vergehungen, nach dem Reichtum seiner Gnade“ (Eph 1,17).

„Seid aber zueinander gütig, mitleidig, und vergebt einander, so wie Gott in Christus euch vergeben hat“ (Eph 4,32).

„Und euch, die ihr tot wart in den Vergehungen und in der Unbeschnittenheit eures Fleisches, hat er mitlebendig gemacht mit ihm, indem er uns alle Vergehungen vergeben hat“ (Kol 2,13).

Bibelstellen zur väterlichen Vergebung

Es gibt auch andere Bibelstellen, in denen es um die *väterliche* Vergebung geht:

„Denn wenn ihr den Menschen ihre Vergehungen vergebt, so wird euer himmlischer Vater auch euch vergeben; wenn ihr aber den Menschen ihre Vergehungen nicht vergebt, so wird euer Vater auch eure Vergehungen nicht vergeben“ (Mt 6,14.15).

„Und richtet nicht, und ihr werdet nicht gerichtet werden; verurteilt nicht, und ihr werdet nicht verurteilt werden. Laßt los, und ihr werdet losgelassen werden“ (Lk 6,37).

„Und wenn ihr steht und betet, so vergebt, wenn ihr etwas gegen jemand habt, damit auch euer Vater, der in den Himmeln ist, euch eure Übertretungen vergebe“ (Mk 11,25).

Man beachte, daß in zwei von diesen Versen Gott ausdrücklich *Vater* genannt wird: Es geht also um väterliche Vergebung. Man beachte auch, daß unsere Vergebung davon abhängt, ob wir gewillt sind, anderen zu vergeben. Das gilt nicht für die richterliche Vergebung - die Bereitschaft, anderen zu vergeben, ist keine Bedingung für die ewige Errettung. Doch sie *ist* eine Bedingung für die väterliche Vergebung. Unser Vater wird uns nicht vergeben, wenn wir nicht einander vergeben.

In Matthäus 18,23-35 erzählt Jesus die Geschichte eines Sklaven, dem vom König ein Schuldenberg von 10.000 Talenten erlassen wurde (eine riesige Summe!). Doch derselbe Sklave will einem Mitsklaven noch nicht einmal die Summe von 100 Denaren erlassen (eine recht kleine Summe). Deshalb wird der König zornig auf ihn und läßt ihn ins Gefängnis werfen, bis er seine Schuld bezahlt hat. Jesus schloß sein Gleichnis mit den Worten: „So wird auch mein himmlischer Vater euch tun, wenn ihr nicht ein jeder seinem Bruder von Herzen vergebt“ (V. 35). Hier geht es wieder um die väterliche Vergebung. Es ist Sünde, wenn man nicht zur Vergebung bereit ist, und Gott kann uns nicht väterlich vergeben, ehe wir diese Sünde nicht bekennen und uns von ihr trennen.

Es macht sehr viel Freude, wenn man diese grundlegenden Unterscheidungen erkennt, und sie dann in der täglichen Bibellese anwenden kann. Wenn Sie einen Text zum Thema Vergebung lesen, sollten Sie sagen können: „Ah, ja, das bezieht sich auf die richterliche Vergebung“ oder aber „das muß sich auf die väterliche Vergebung beziehen.“

Kapitel 13

Verwandtschaft und Gemeinschaft

Dieses Kapitel ähnelt etwas dem Kapitel über Stellung und Zustand. Doch der Unterschied ist bedeutend genug, um ihm ein eigenes Kapitel zu widmen.

Die Verwandtschaft mit Gott

Wenn man wiedergeboren wird, dann beginnt ein neues Verwandtschaftsverhältnis, denn man wird zu einem Kind Gottes.

„So viele ihn aber aufnahmen, denen gab er das Recht, Kinder Gottes zu werden, denen, die an seinen Namen glauben“ (Joh 1,12).

„Geliebte, jetzt sind wir Kinder Gottes, und es ist noch nicht offenbar geworden, was wir sein werden; wir wissen, daß wir, wenn es offenbar werden wird, ihm gleich sein werden, denn wir werden ihn sehen, wie er ist“ (1Jo 3,2).

Nun ist an einer Geburt etwas sehr Endgültiges. Haben Sie schon einmal darüber nachgedacht? Wenn jemand einmal geboren ist, dann hat dies für immer Bestand. Man kann nicht zurück und es ungeschehen machen. Es ist ein Verwandtschaftsverhältnis entstanden, das man nicht mehr verändern kann. Sagen wir z. B., die Familie Müller habe gerade einen Sohn bekommen. Ganz gleich, was passiert, das Kind wird immer ein Sohn von Herrn und Frau Müller bleiben, und sie werden immer seine Eltern sein. Es kann sein, daß er in seinem späteren Leben seiner Familie Unehre bringt und ihnen den größten Kummer macht. Doch das Verwandtschaftsverhältnis bleibt immer bestehen - Herr Müller ist noch immer der Vater, und der Junge ist noch immer der Sohn der Müllers.

Nun wenden wir dies auf den Gläubigen an. Durch die Wiedergeburt wird eine Verwandtschaftsbeziehung zu Gott, dem Vater hergestellt:

„Der Geist selbst bezeugt zusammen mit unserem Geist, daß wir Kinder Gottes sind“ (Röm 8,16).

„Also bist du nicht mehr Sklave, sondern Sohn; wenn aber Sohn, so auch Erbe durch Gott“ (Gal 4,7).

Es handelt sich um eine Beziehung, die nicht wieder aufgehoben werden kann. Wer einmal ein Sohn oder eine Tochter geworden ist, wird es immer bleiben.

Gemeinschaft mit Gott

Doch gibt es eine andere Seite der Wahrheit, und das ist die Seite der Gemeinschaft. Unser Wort *Gemeinschaft* ist die Übersetzung eines bekannten griechischen Wortes, *koinonia.* In einer Familie sind immer alle miteinander *verwandt*, aber nicht alle haben immer gute *Gemeinschaft* miteinander. Die Verwandtschaft ist ein unzerstörbares Band, aber die Gemeinschaft ist ein dünner Faden, der *sehr schnell* zerrissen werden kann.

Sünde stört das Verhältnis zu Gott. Zwei können nicht zusammen gehen, wenn sie nicht einig sind (Am 3,3), und Gott kann keine Gemeinschaft mit seinen Kindern haben, wenn sie sündigen: „Gott ist Licht, und gar keine Finsternis ist in ihm“ (1Jo 1,5b). Er kann kein gutes Verhältnis zu denen haben, die versuchen, das Böse in ihrem Leben zu beschönigen.

Wenn die Gemeinschaft gestört ist, dann verliert der Gläubige seine Freude, seine Fröhlichkeit, seine Kraft für den Dienst, sein Zeugnis und sein wirkungsvolles Gebetsleben.

Die Gemeinschaft bleibt so lange gestört, wie die Sünde nicht bekannt und gelassen wird. Und gestörte Gemeinschaft ist etwas *äußerst schlimmes*. So könnte man zum Beispiel eine Entscheidung treffen, während man mit dem Herrn nicht in Gemeinschaft ist, die das ganze Leben verderben kann. Wieviele zurückgegangene Christen haben einen ungläubigen Ehepartner gewählt und damit ihr Leben in bezug auf ihre Wirksamkeit für den Herrn ruiniert! Ihre *Seele* ist gerettet, doch ihr *Leben* ist verloren.

Gestörte Gemeinschaft bringt uns Züchtigung oder Bestrafung von Gott. Ein Gläubiger unterliegt zwar nicht mehr der ewigen Strafe für Sünde, doch er ist *nicht* von den Konsequenzen der Sünde in seinem Leben befreit. Warum waren einige der Gläubigen in Korinth krank? Weil sie zum Tisch des Herrn gegangen waren (1Kor 11,29-32), ohne ihre Sünden bekannt und die Dinge in Ordnung gebracht zu haben. Einige von ihnen sind sogar gestorben. Sie waren zwar durch die Erlösung in Christus Jesus für den Himmel geeignet, doch waren sie ungeeignet, weiter auf der Erde zu leben und Zeugnis zu sein.

Gestörte Gemeinschaft führt zum Verlust des Lohnes beim Richterstuhl Christi (1Kor 3,15). Alle Zeit, die wir nicht in Gemeinschaft mit Gott verbringen, ist für immer verschwendet.

So können wir uns zwar an der Wahrheit erfreuen,

daß unsere Beziehung zu Gott unlösbar ist, doch sollten wir alles fürchten, was unsere Gemeinschaft mit unserem Vater gefährden kann. Das Wissen, daß uns die Gnade eine solche Beziehung zu Gott geschaffen hat, sollte sogar unser größter Ansporn sein, ständige Gemeinschaft mit dem Herrn aufrecht zu erhalten. Die Gnade ermutigt mich *nicht* zur Sünde, sondern hält mich besonders wirksam von ihr ab.

Biblische Beispiele

Im Alten Testament ist David das klassische Beispiel eines Heiligen, dessen Gemeinschaft mit Gott durch Sünde gestört war. Wir lesen sein Bekenntnis und seine Wiederherstellung zur Gemeinschaft mit dem Herrn in den Psalmen 32 und 51.

Im Neuen Testament kann man den verlorenen Sohn als ein Beispiel für einen Gläubigen sehen, dessen Gemeinschaft mit Gott gestört war und der dann umgekehrt ist (Lk 15,11-24), auch wenn diese Geschichte normalerweise auf die Bekehrung eines Sünders gedeutet wird. Die Gemeinschaft war durch die Abkehrung und Auflehnung des Sohnes aufgehoben. Dennoch war er noch immer ein Sohn, auch als er in einem fernen Land lebte. Sobald er zurückkehrte und sein Bekenntnis hervorbrachte, war die Gemeinschaft wiederhergestellt. Der Vater lief ihm entgegen, fiel ihm um den Hals und küßte ihn.

In 1. Johannes 2,1 lesen wir: „Meine Kinder, ich schreibe euch dies, damit ihr nicht sündigt; und wenn jemand sündigt - wir haben einen Beistand bei dem Vater: Jesus Christus, den Gerechten.“ Das ist an *Kinder* geschrieben, an diejenigen, die in die Familie Gottes hineingeboren worden sind. (Das Wort, das hier mit „Kinder“ übersetzt wird [*teknia*], heißt wörtlich so viel wie „kleine Geborene“.) Gottes Idealvorstellung ist, daß seine Kinder nicht sündigen sollen. Doch wir sündigen immer wieder, und Gott hat dafür Vorkehrungen getroffen: „Wir haben einen Beistand bei dem Vater.“ Man beachte das - „Wir haben einen Beistand bei *dem Vater*.“ Er ist noch immer unser Vater, auch wenn wir sündigen. Wie kann das nun sein? Weil unsere Verwandtschaft eine Bindung ist, die niemals gelöst werden kann. Was passiert, wenn wir sündigen? „Wir haben einen Beistand bei dem Vater: Jesus Christus den Gerechten.“ Er geht sofort in unserem Leben an die Arbeit und bringt uns dahin, bereit zu sein, unsere Sünden zu bekennen und zu lassen, damit wir wieder die Gemeinschaft des Vater genießen können.

Wenn wir den Unterschied zwischen Verwandtschaft und Gemeinschaft sehen, dann hilft uns das, diese Schriftabschnitte zu verstehen. Auch hilft der Unterschied uns, die ewige Sicherheit, die wir in Christus haben, noch mehr zu schätzen. Weiter motiviert er uns, in der Gemeinschaft unseres Vaters zu leben, der uns so sehr liebt.

Kapitel 14

Grundlegend, wichtig, nebensächlich

Beim Lesen des Neuen Testamentes ist es wichtig, zwischen Themen, die von grundlegender Bedeutung sind, zu unterscheiden, dann solchen, die zwar wichtig, aber nicht notwendigerweise grundlegend sind, und weiterhin solchen, die nebensächlich sind. Zwar ist jedes Wort Gottes inspiriert, doch sind nicht alle Abschnitte gleich wichtig oder bedeutend.

Als der Herr Jesus einmal mit den Pharisäern sprach, sagte er: „Ihr verzehntet die Minze und den Anis und den Kümmel und habt die wichtigeren Dinge des Gesetzes beiseite gelassen: das Gericht und die Barmherzigkeit und den Glauben; diese hättet ihr tun und jene nicht lassen sollen“ (Mt 23,23). Mit anderen Worten, er gewichtete einige Teile des Gesetzes stärker als andere. Doch er erinnerte sie auch daran, daß die weniger wichtigen Angelegenheiten des Gesetzes auch des Gehorsams bedurften.

Das gilt auch für den christlichen Glauben: Es gibt Lehren, die absolut grundsätzlich sind. Andere dagegen sind wichtig; einige von ihnen werden ausdrücklich als Gebote unseres Herrn bezeichnet (1Kor 14,37). Und es gibt einige Bereiche, die der Gläubige vor dem Herrn selbst frei entscheiden kann.

Was sind die Grundlagen?

Wenn wir von den Grundlagen sprechen, dann meinen wir Lehren wie die folgenden:

Die Inspiration der Schrift. Die Bibel ist das Wort Gottes.

Die Dreieinigkeit. Es gibt nur einen Gott, der auf ewig in drei Personen besteht.

Die Gottheit Christi. Der Herr Jesus Christus ist Gott.

Die Fleischwerdung. Jesus ist auch der vollkommene Mensch.

Seinen stellvertretenden Tod am Kreuz, sein Begräbnis, seine Auferstehung und Himmelfahrt.

Das Evangelium. Errettung aus Gnade, durch Glauben und ohne Werke.

Die Wiederkunft. Christus kommt wieder. Obwohl sich nicht alle Gläubigen über die Einzelheiten einig sind, so ist doch die Tatsache an sich eine grundlegende Wahrheit des Glaubens.

Die ewige Strafe für die Verlorenen.

Über diese Lehren kann man nicht verhandeln. Wir müssen sie ernsthaft verteidigen. Sie werden ausdrücklich in der Schrift gelehrt. Sie sind von der gläubigen Gemeinde in allen Jahrhunderten anerkannt worden. Alle dem entgegenstehenden Lehren sind als Irrlehre gebrandmarkt worden. Die Gläubigen waren bereit, für diese kostbaren Wahrheiten zu sterben. Hier gibt es keine Kompromisse. Wir können keine Gemeinschaft mit Menschen haben, die diese Grundlagen leugnen.

Natürlich gilt das auch für die unveränderlichen Moralgesetze Gottes. Es ist immer falsch, die Ehe zu brechen, zu lügen oder zu stehlen. Götzendienst in jeder Form wird von der Bibel verboten. In diesen und vielen ähnlichen

Gebieten kann man weder beschönigen, noch daran herumbasteln oder davon wegnehmen. Gegen diese Übel müssen wir uns kompromißlos auf Gottes Seite stellen.

Wichtig, aber nicht grundlegend

Es gibt eine zweite Gruppe von Themen, die wichtig sind, weil die Bibel maßgebliche Aussagen über sie macht. Doch sind sie nie als grundlegend für den Glauben betrachtet worden. Hier sind einige der Themen, die unter diese Überschrift fallen:

Taufe
Scheidung und Wiederheirat
Die Reihenfolgen der zukünftigen Ereignisse
Erwählung und menschliche Verantwortung
Die Heilsgewißheit
Die Rolle der Frau in der Gemeinde
Die Gaben des Geistes

Es gibt zwar nur eine richtige Auslegung zu jedem dieser Themen, aber nicht alle Gläubigen sind sich einig, welche dies ist. Große und gottesfürchtige Christen sind hier unterschiedlicher Meinung. John Wesley würde an einige Stellen nicht mit Charles Spurgeon übereinstimmen. In diesen Bereichen ist es wichtig, daß jeder seine Überzeugung ausschließlich und solide aus dem Wort Gottes formt.

Nebensächliches oder Angelegenheiten ohne moralische Bedeutung

Die dritte Gruppe von Themen behandelt die Bibel als nebensächlich. Man spricht hier auch von Angelegenheiten ohne moralische Bedeutung. In diesen Bereichen erlaubt der Herr unterschiedliche Ansichten, solange das Verhalten eines Gläubigen nicht einen anderen zu Fall bringt (Röm 14,13), den Frieden der Gemeinde stört (Röm 14,19) oder sein eigenes Gewissen verletzt (Röm 14,23).

In der Frühzeit der Gemeinde gab es Probleme wegen Speisen, die den Götzen geopfert worden waren, wegen der Beachtung von jüdischen Festtagen und von reinen und unreinen Speisen. Die biblische Lösung dieser Probleme läßt sich folgendermaßen zusammenfassen:

Götzenopfer

Die wichtigsten Abschnitte der Bibel über Speisen, die Götzen geopfert worden sind, finden sich in 1. Korinther 8,1-13 und 1. Korinther 10,14-30. Die Lehre geht dahin, daß es erlaubt ist, solche Speisen zu essen, solange der Christ nicht an dem Fest teilnimmt, bei dem die Speise dem Götzen geopfert wird, solange sein Gewissen in dieser Angelegenheit rein bleibt und so lange er damit nicht jemanden anderen zu Fall bringt. Doch wenn Paulus sagt: „Alles ist erlaubt“, dürfen wir hier nicht *alles ohne Ausnahme* verstehen. Er bezieht sich nur auf das behandelte Thema - Angelegenheiten, die moralisch neutral sind. Wenn man das nicht erkennt, dann könnte man zu der groben Mißdeutung kommen, daß Paulus hier Unzucht erlaubt.

Das Beachten von Feiertagen

Kapitel 14 des Römerbriefes beschäftigt sich mit dem Thema des Haltens von Festtagen, des Fleischessens (im Gegensatz zum Vegetarismus) und des Weintrinkens. Zu den Leitlinien, die Paulus hier darlegt, gehört die folgende: „Jeder aber sei in seinem eigenen Sinn völlig überzeugt“ (V. 5b). Wenn man dies nun aus dem Zusammenhang reißt und auf solche Lehren wie die Inspiration der Bibel oder auf die Errettung durch Gnade und Glauben anwendet, dann bringt man sich in ernsthafte Schwierigkeiten. Es ist äußerst wichtig zu erkennen, daß die in Römer 14 niedergelegten Prinzipien nur auf Fragen zutreffen, die nicht an sich weiß oder schwarz sind.

Reine und unreine Speisen

In Titus 1 gilt die besondere Aufmerksamkeit des Paulus den Irrlehrern, die versuchten, Christen unter das Gesetz des Mose zu zwingen. In Vers 15 sagt der Apostel: „Den Reinen ist alles rein; den Befleckten aber und Ungläubigen ist nichts rein, sondern befleckt ist sowohl ihre Gesinnung als auch ihr Gewissen.“

Wenn Paulus sagt: „Den Reinen ist alles rein“, spricht er nicht über eine allgemeingültige Wahrheit, sondern er bezieht sich nur auf solche nebensächliche Fragen, wie etwa die Fleischsorten, die vom Gesetz des Mose für unrein erklärt werden. Das sollte nun klar sein. Für Christen in unserem Zeitalter der Gnade sind alle Speisen rein, die Gott zum menschlichen Verzehr bestimmt hat. Die Bezeichnungen „koscher“ und „nicht koscher“ gelten nicht länger.

Eine Aussage in Römer 14, die auf die gleiche Weise zu verstehen ist, findet sich in Vers 14: „Ich weiß und bin überzeugt in dem Herrn Jesus, daß nichts an sich selbst gemein ist ...“ Paulus wußte, daß bestimmte Taten ganz gewiß unrein sind, doch es geht ihm hier nur um Speisen wie Schweinefleisch, Meeresfrüchte und Hasenfleisch, die zu alttestamentlicher Zeit unrein waren.

Nebensächliche Themen heute

Themen, die heute zur Gruppe „Nebensächliches" gehören könnten, sind:

Wein oder Traubensaft beim Abendmahl
Ungesäuertes oder gesäuertes Brot
Ein Kelch oder Einzelkelche
Uhrzeit der Zusammenkunft
Die Verwendung von Musikinstrumenten in Gemeindeveranstaltungen
Die Verwendung verschiedener Bibelübersetzungen mit gutem Ruf
Methoden des christlichen Dienstes

Bezüglich des letztgenannten Punktes unserer Liste, d. h. der Methoden des christlichen Dienstes, gibt es einen Spielraum, um bis zu einem gewissen Grad das Evangelium an die Kultur und die Bräuche eines Volkes anzupassen. So berichtet Paulus in 1. Korinther 9,19-23 darüber, wie er sich selbst seinen Zuhörern anpaßte, natürlich ohne eine grundlegende Wahrheit oder seine Treue zu Christus preiszugeben:

„Denn obwohl ich allen gegenüber frei bin, habe ich mich allen zum Sklaven gemacht, damit ich immer mehr gewinne. Und ich bin den Juden wie ein Jude geworden, damit ich die Juden gewinne; denen, die unter Gesetz sind, wie einer unter Gesetz - obwohl ich selbst nicht unter Gesetz bin -, damit ich die, welche unter Gesetz sind, gewinne; denen, die ohne Gesetz sind, wie einer ohne Gesetz - obwohl ich nicht ohne Gesetz vor Gott bin, sondern unter dem Gesetz Christi -, damit ich die, welche ohne Gesetz sind, gewinne. Den Schwachen bin ich ein Schwacher geworden, damit ich die Schwachen gewinne. Ich bin allen alles geworden, damit ich auf alle Weise einige errette. Ich tue aber alles um des Evangeliums willen, um an ihm Anteil zu bekommen."

Doch wenn Paulus sagt: „Ich bin allen alles geworden, damit ich auf alle Weise einige errette", dann will er damit nicht andeuten, daß er jemals eine Wahrheit des Evangeliums preisgegeben oder bei irgendeiner sündigen Tat mitgemacht hätte. Wo es möglich war, Zugeständnisse zu machen, ohne die Wahrheit zu opfern (wie etwa bei der Beschneidung des Timotheus, Apg 16,3), da machte er diese Zugeständnisse, um für seine Botschaft besseres Gehör zu finden. Doch wo die Wahrheit der Errettung durch Gnade ohne das Halten des Gesetzes auf dem Spiel stand (wie in der Kontroverse um die Beschneidung des Titus, Gal 2,1-5), da ist Paulus keinen Millimeter von der Wahrheit abgewichen.

Schlußfolgerung

Wir sollten nun das erarbeitete Material zusammenfassen.

Bezüglich der Grundlagen des Glaubens und des unveränderlichen Moralgesetzes Gottes muß absolute Übereinstimmung und absoluter Gehorsam herrschen.

In Angelegenheiten, die zwar von der Schrift her wichtig, aber nicht grundlegend sind, sollte jeder Gläubige sein Urteil und seine Praxis so eng wie möglich am Wort Gottes orientieren.

Bei nebensächlichen Themen sollte Raum für unterschiedliche Meinungen bleiben, ein Geben und Nehmen um der Einheit und des Friedens willen (Eph 4,1-6). Doch sogar hier sollte sich ein Christ von allem Anschein des Bösen fernhalten, davon, seinen Bruder zu Fall zu bringen, oder sein eigenes Gewissen zu verletzen.

Wenn wir uns mit den Grundlagen und wichtigen Angelegenheiten befassen, dann gelten bestimmte Grundregeln. Doch wenn es um Angelegenheiten ohne moralische Bedeutung geht, dann gelten eine Reihe anderer Regeln. Deshalb würde Paulus keine unterschiedlichen Meinungen erlauben und sagen: „Jeder aber sei in seinem eigenen Sinn völlig überzeugt", wenn es um die Gottheit Jesu Christi geht (Röm 14,5b). Oder wenn es um Unzucht geht, würde er nicht sagen: „Ich weiß und bin überzeugt in dem Herrn Jesus, daß nichts an sich selbst gemein ist" (Röm 14,14). Wir müssen immer herausfinden, ob er über grundlegende Wahrheiten, wichtige Themen oder neutrale Angelegenheiten spricht.

Teil 3

Unterschiede in Gottes Vorgehensweise

Kapitel 15

Die wichtigsten Bundesschlüsse der Bibel

In der menschlichen Geschichte schloß Gott zu verschiedenen Zeiten Bünde oder Abkommen mit der Menschheit. Einige von ihnen, wie etwa das Gesetz, *beruhten auf Bedingungen*. Gott wollte seinen Teil des Bundes halten, wenn die Menschen ihren hielten. Diese Bünde waren „durch das Fleisch kraftlos" (Röm 8,3), und der Mensch konnte die gestellten Bedingungen niemals erfüllen.

Zum Glück aber waren die meisten Gottesbünde *bedingungslos*. In ihnen hängt alles nur vom Herrn ab, und das garantiert ihre Erfüllung.

Die meisten Bünde wurden mit Abraham und seinen Nachkommen geschlossen. Keiner wurde direkt mit der Gemeinde geschlossen, obwohl die Gemeinde in einigen eingeschlossen ist, wie wir sehen werden.

Eden (1Mo 1,28-30; 2,16.17)

Der Bund, der im Paradies geschlossen wurde, erlegte dem Menschen in seiner Unschuld auf, sich zu vermehren, die Erde zu bevölkern und sie zu beherrschen. Er erhielt die Herrschaft über alle Tiere. Er sollte den Garten bestellen und von allem essen, außer von der Frucht der Erkenntnis des Guten und Bösen. Ungehorsam diesem letzten Gebot gegenüber würde den Tod bringen. Deshalb handelt es sich hier um einen Bund, der an eine Bedingung geknüpft war.

Adam (1Mo 3,14-19)

Nach dem Fall des Menschen verfluchte Gott die Schlange und sagte Feindschaft zwischen der Schlange und der Frau voraus, und zwischen Satan und Christus. Satan würde Christus zwar verletzen, doch Christus würde Satan vernichten. Die Frau sollte beim Kindergebären Schmerzen erleiden und sollte der Autorität ihres Mannes unterstellt werden. Der Ackerboden wurde verflucht: Der Mensch würde Dornen und Disteln auf seinem Acker finden, wenn er ihn bestellen wollte. Daraus resultieren Schweiß und Erschöpfung, und er würde schließlich zu Staub werden, aus dem er geschaffen worden war.

Noah (1Mo 8,20 - 9,27)

Gott verhieß Noah, daß er den Ackerboden nicht mehr verfluchen, noch die Erde durch eine Flut verwüsten wolle. Als Zeichen dafür setzte er den Regenbogen an den Himmel. Dieser Bund beinhaltet eine Strafe für Mord, und das bedingt natürlich, daß es eine Regierung geben muß, die über den Fall entscheidet und die Strafe vollstreckt. So setzt also der Bund Noahs in einem ganz realen Sinne die menschliche Regierung ein. Gott garantierte die Regelmäßigkeit der Tage und Jahreszeiten, wies den Menschen an, die Erde wieder zu bevölkern und bestätigte die Herrschaft des Menschen über die niedrigeren Geschöpfe. Der Mensch durfte nun auch Fleisch essen, wohingegen er vorher vegetarisch gelebt hat. Von den Nachkommen Noahs verfluchte Gott Hams Sohn Kanaan, der Sem und Japhet ein Diener sein sollte. Er gab Sem eine Vorrechtsstellung, die, wie wir wissen, auch beinhaltete,

Vorfahr des Messias zu werden. Japhet würde sich weit ausbreiten und in den Zelten Sems wohnen. Der Bund mit Noah wurde ohne Bedingung geschlossen und ist niemals zurückgenommen worden. Er galt für „ewige Generationen“ (1Mo 9,12).

Abraham (1Mo 12,1-3; 13,14-17; 15,1-5; 17,1-8)

Dieser Bund beinhaltet die folgenden bedingungslosen Verheißungen an Abram, der später Abraham genannt wurde, und an dessen Nachkommen: Ein großes Volk (Israel); persönlicher Segen für Abraham; einen bekannten Namen; eine Quelle des Segens für andere (12,2). Göttliche Vorrechte für seine Freunde und einen Fluch über seine Feinde; ein Segen für alle Völker (erfüllt in Christus) (12,3). Ewiger Besitz des Landes Kanaan, das später auch Israel oder Palästina genannt wird (15,18). Große Nachkommenschaft, sowohl leiblich als auch geistlich (13,16; 15,5). Ein Vater vieler Völker und Könige (durch Ismael und Isaak) (17,4.6). Ein besonderes Verhältnis zu Gott (17,7b).

Das Gesetz, auch Bund des Mose genannt (2Mo 19,5; 20 - 31)

Im weitesten Sinne beinhaltet das Gesetz des Mose die Zehn Gebote, die die Pflichten gegenüber Gott und dem Nächsten beschreiben (2Mo 20); viele Regelungen, die das Gemeinschaftsleben Israel betreffen (2Mo 21,1 - 24,11), und detaillierte Anweisungen über das religiösen Leben (2Mo 24,12 - 31,18). Das Gesetz wurde dem Volk Israel gegeben, nicht den Heiden, und durch Blut bestätigt (2Mo 24,8; Hebr

9,19-20). Es handelte sich um einen Bund mit Bedingungen, zu denen der Gehorsam des Menschen notwendig war, und deshalb war dieser Bund „durch das Fleisch kraftlos“ (Röm 8,3a). Die zehn Gebote waren niemals dazu gegeben, die Erlösung zu bringen, sondern sie sollten von der Sünde und vom Versagen überführen (Röm 3,20b). Neun der Zehn Gebote werden im Neuen Testament wiederholt (mit Ausnahme des Sabbatgebotes), und zwar *nicht* als Gesetz, auf das die *Strafe* erfolgt, sondern als Verhaltensweise, die denen angemessen ist, die durch die Gnade gerettet sind. Der Christ lebt unter der Gnade, nicht unter dem Gesetz. Aber er untersteht dem Gesetz Christi (1Kor 9,21), also einem wesentlich höheren Anspruch. Das Gesetz hat den abrahamitischen Bund nicht aufgehoben (Gal 3,17-18).

Palästina (5Mo 28,1; 29,1 - 30,20)

Dieser Bund findet sich in seiner Vorform in 1. Mose 15,18, als Gott Abraham das Land „vom Strom Ägyptens an (besser: dem Bach Ägyptens, nicht dem Nil) bis zum großen Strom, dem Euphratstrom“ gab. Hier wird die Zerstreuung Israels unter die Völker wegen, ihrer Untreue und ihres Ungehorsams vorhergesehen, außerdem die Wiederkunft des Herrn, Israels Buße und Bekehrung, die Bestrafung der Feinde Israels, und ihr sicheres Wohnen im Land unter der Regierung des Messias.

Israel hat das Land niemals vollständig besessen. Unter der Regierung Salomos haben Länder im Osten *Tribut* gezahlt (1Kö 4,21.24), doch kann man das nicht als Besitz oder Besetzung des Landes rechnen.

Die Erfüllung des palästinensischen Bundes steht also noch aus.

David (2Sam 7,1-17)

Gott verhieß David nicht nur, daß sein Reich ewig währen sollte, sondern auch, daß er immer Nachkommen haben werden, die auf dem Thron sitzen (2Sam 7,12-16). Es handelte sich um einen Bund ohne Vorbedingungen, der auf keinerlei Weise von Davids Gehorsam oder seiner Gerechtigkeit abhing. Christus ist der *gesetzliche* Erbe des Thrones Davids durch Salomo, wie wir in Josephs Stammbaum in Matthäus 1 sehen. Joseph hat Jesus als seinen Sohn adoptiert. Christus ist auch ein direkter Nachkomme Davids durch Nathan, wie man an Marias Stammbaum in Lukas 3 sieht. Weil er ewig lebt, gibt es niemanden, der noch Anspruch auf seinen Thron erheben könnte. Sein Reich währt ewig, denn seine tausendjährige Herrschaft über die Erde wird in das ewige Reich übergehen.

Salomo (2Sam 7,12-15; 1Kö 9; 2Chr 7)

Der Bund mit Salomo war ohne Bedingung, soweit es um das ewige Reich ging, doch gab es eine Bedingung dafür, daß seine Nachkommen auf dem Thron sitzen würden (1Kö 9,4.5; 2Chr 7,17.18). Einer der Nachkommen Salomos, Konja (auch Jechonja oder Jojachin genannt) wurde für kinderlos erklärt, so daß von seinen Nachkommen keiner auf Davids Thron sitzen konnte (Jer 22,30). Jesus ist kein Nachkomme Salomos, wie oben schon erwähnt. Andernfalls hätte er unter dem Fluch des Konja gestanden.

Der Neue Bund (Jer 31,31-34; Hebr 8,7-12; Lk 22,20)

Der Neue Bund wird eindeutig mit dem Haus Israel und dem Haus Juda geschlossen (Jer 31,31) und er ersetzt den Alten (mosaischen) Bund. Er hat eine bessere Priesterschaft, einen besseren Hohenpriester, ein besseres Opfer, einen besseren Altar, und ruht auf besseren Verheißungen (Hebr 7 - 9; 13,10). Er lag noch in der Zukunft, als Jeremia schrieb (Jer 31,31a). Es handelt sich nicht um einen Bund, der an Bedingungen geknüpft ist, wie das mosaische Gesetz, das Israel gebrochen hat (Jer 31,32). In diesem Bund verheißt Gott, ohne Bedingungen zu stellen (man beachte die Wiederholung von „ich werde“): Israels zukünftige Wiederherstellung (Hes 36,25.26); das Kommen des Heiligen Geistes, um in den Gläubigen zu wohnen (Hes 36,27); ein neues Herz, das für den Willen Gottes offen ist (Jer 31,33a); allgemeines Wissen über das Gesetz in Israel (Jer 31,34a); Vergebung und Hinwegtun der Sünde (Jer 31,34b); und das ewige Bestehen des Volkes (Jer 31,35-37).

Israel als Volk ist bisher nicht in den Genuß der Vorteile des Neuen Bundes gekommen, doch wird dies bei der Wiederkunft des Herrn geschehen. In der Zwischenzeit teilen die Gläubigen einige der Segnungen des Bundes. Sie erfahren die Vergebung und das Hinwegtun der Sünde (Hebr 10,16.17), und ihnen wird die Möglichkeit eröffnet, die gerechten Forderungen des Gesetzes zu erfüllen (Röm 8,4). Die Tatsache, daß die Gemeinde in enger Beziehung zum Neuen Bund steht, zeigt sich am Mahl des Herrn, wo der Kelch den Bund darstellt und das Blut, durch das er unterzeichnet wurde (Lk 22,20; 1Kor 11,25).[8] Auch

Paulus nennt sich selbst und die anderen Apostel „Diener des neuen Bundes“ (2Kor 3,6), und meint damit das Evangelium von der Gnade Gottes.

Kapitel 16

Verschiedene Zeitalter

Augustinus hat gesagt: „Wenn man die unterschiedlichen Zeitalter beachtet, dann gibt es Harmonie in der Bibel.“ Gott hat die ganze menschliche Geschichte in Zeitalter unterteilt: „... durch welchen er auch die Weltzeiten gemacht hat“ (Hebr 1,2; Schlachter). Diese Zeitalter können kurz oder lang sein. Sie unterscheiden sich nicht so sehr durch ihre Dauer, sondern darin, wie Gott an der Menschheit handelt.

Definition des Begriffes Zeitalter

Gott selbst ändert sich nicht, wohl jedoch seine Methoden. Er wirkt zu verschiedenen Zeiten auf verschiedene Weisen. Manchmal nennen wir die Art, auf die Gott während eines bestimmten Zeitabschnittes an den Menschen handelt, ein Zeitalter. Streng genommen handelt es sich eigentlich gar nicht um ein Zeitalter, sondern um eine Haushalterschaft, eine Verwaltung oder eine Ordnung. Doch ist es für uns fast unmöglich, von einem Zeitalter zu sprechen, ohne den Zeitfaktor mit einzubeziehen. So wird zum Beispiel die Geschichte der Regierungen der USA in verschiedene Ären eingeteilt. Wir sprechen von einer Roosevelt-Ära, der Eisenhower-Ära oder der Reagan-Ära. Wir meinen damit natürlich die politische Richtung, die während der Regierungszeit dieser Präsidenten vorgegeben war. Es geht uns um die Richtlinien der Regierung, auch wenn wir diese mit einem bestimmten Zeitabschnitt in Verbindung bringen, während derer die Richtlinien Gültigkeit hatten.

Ein Bild als Verständnishilfe

Deshalb werden wir in diesem Kapitel unter einem Zeitalter die Art und Weise verstehen, wie Gott zu einem bestimmten geschichtlichen Zeitpunkt mit den Menschen handelte. Gottes Handeln während der Zeitalter kann man sehr gut mit dem Führen eines Haushaltes vergleichen. Wenn nur Mann und Frau in dem Haushalt sind, dann gibt es bestimmte Regeln und Abläufe. Doch wenn mehrere kleine Kinder da sind, dann müssen ganz neue Regelungen eingeführt werden. Wenn die Kinder dann größer sind, läuft wieder vieles anders. Wir sehen, daß Gott auf gleiche Weise an der Menschheit handelt (Gal 4,1-5).

Als zum Beispiel Kain seinen Bruder Abel ermordete, machte Gott an ihm ein Zeichen, damit ihn niemand umbrächte, der ihn finden würde (1Mo 4,15). Doch nach der Flut schuf Gott ein Gesetz, das bestimmte: „Wer Menschenblut vergießt, dessen Blut soll durch Menschen vergossen werden“ (1Mo 9,6a). Warum dieser Unterschied? Weil ein neues Zeitalter begonnen hatte.

Ein anderes Beispiel. In Psalm 137,8-9 wird ein schreckliches Gericht über Babylon ausgesprochen:

„Tochter Babel, du Verwüsterin!

Glücklich, der dir vergilt dein Tun, das du uns angetan hast.

Glücklich, der deine Kinder ergreift und sie am Felsen zerschmettert!“

Doch später lehrte unser Herr sein Volk:

„Liebt eure Feinde, und betet für die, die euch verfolgen“ (Mt 5,44).

Es ist klar, daß eine Ausdrucksweise, die für den Psalmist unter Gesetz angemessen war, für einen Christen, der unter der Gnade lebt, nicht mehr passend erscheint.

Unter dem Gesetz wurde den Männern Israels befohlen, ihre heidnischen Frauen und Kinder zu vertreiben (Esra 10,3). Unter der Gnade sollten die Gläubigen sich jedoch nicht von ungläubigen Ehegatten oder Kindern trennen (1Kor 7,12-16).

Beweis für die Einteilung in Zeitalter

Nicht alle Christen sind sich über die Anzahl der Zeitalter oder ihre Bezeichnungen einig. Manche Christen meinen sogar, daß es keine verschiedenen Zeitalter gibt.

Doch können wir die Existenz einer solchen Einteilung wie folgt beweisen. Zunächst gibt es mindestens zwei Zeitalter - nämlich Gesetz und Gnade: „Denn das Gesetz wurde durch Mose gegeben; die Gnade und die Wahrheit ist durch Jesus Christus geworden“ (Joh 1,17). Die Tatsache, daß unsere Bibeln in ein Altes und eine Neues Testament eingeteilt sind, ist ein weiterer Hinweis darauf, daß eine neue Haushalterschaft begonnen hat. Ein weiterer Beweis besteht darin, daß die Gläubigen unseres Zeitalters keine Tieropfer mehr zu bringen brauchen - auch dies zeigt, daß Gott eine neue Ordnung eingeführt hat.

Doch wenn wir uns einig sind, daß es *zwei* Zeitalter

gibt, dann sind wir auch gehalten, drei Zeitalter anzuerkennen, denn das Zeitalter des Gesetzes begann erst in 2. Mose 19, viele hundert Jahre nach der Schöpfung. Also muß es mindestens ein Zeitalter vor dem Gesetz gegeben haben (vgl. Röm 5,14). Das macht also drei Zeitalter.

Und dann sollte es uns noch möglich sein, uns auf ein viertes Zeitalter zu einigen, denn die Schrift spricht von einem „zukünftigen Zeitalter“ (Hebr 6,5). Das ist die Zeit, zu der unser Herr Jesus Christus auf die Erde wiederkommen wird, um die Herrschaft zu übernehmen, sonst Tausendjähriges Reich genannt.

Auch der Apostel Paulus unterscheidet zwischen dem gegenwärtigen Zeitalter und einem zukünftigen Zeitalter. Zum einen erwähnt er eine Verwaltung, die ihm im Zusammenhang mit der Wahrheit des Evangeliums und der Gemeinde anvertraut worden ist (1Kor 9,17; Eph 3,2; Kol 1,25). Dabei handelt es sich um das gegenwärtige Zeitalter. Doch dann weist er in Epheser 1,10 auch auf ein zukünftiges Zeitalter hin: „Die Verwaltung bei der Erfüllung der Zeiten.“ Aus seiner Beschreibung geht hervor, daß es noch nicht angebrochen ist.

Deshalb wissen wir, daß wir noch nicht im letzten Zeitalter der Weltgeschichte leben.

Beschreibung der einzelnen Zeitalter

Dr. C. I. Scofield, der Herausgeber der Scofield Bibel, unterscheidet die folgenden sieben Zeitalter:

1. Unschuld (1Mo 1,28): Von der Erschaffung Adams bis zu seinem Fall.

2. Gewissen oder moralische Verantwortung (1Mo

3,7.22): Vom Fall bis zum Ende der Flut.

3. Menschliche Herrschaft (1Mo 9,5-6): Vom Ende der Flut bis zur Berufung Abrahams.

4. Verheißung (1Mo 12,1-3): Von der Berufung Abrahams bis zur Gesetzgebung.

5. Gesetz (2Mo 19 - 20): Von der Gesetzgebung bis Pfingsten.

6. Gemeinde (Apg 2): Von Pfingsten bis zur Entrükkung.

7. Reich (Offb 20,4): Die Tausendjährige Herrschaft Christi.

In seiner Übersichtstafel „Der Lauf der Zeit von Ewigkeit zu Ewigkeit" sieht A. E. Booth die sieben Zeitalter der menschlichen Geschichte in den sieben Schöpfungstagen vorgeschattet.

Erster Tag: Erprobung des Menschen mit dem Licht der Schöpfung und der Verheißung.

Zweiter Tag: Herrschaft (von der Flut bis zur Einteilung in Völker).

Dritter Tag: Israel (von Abraham bis zum Ende der Evangelien).

Vierter Tag - Gnade (eine Zwischenzeit).

Fünfter Tag - Die große Trübsal.

Sechster Tag - Das Tausendjährige Reich.

Siebter Tag - Ewigkeit.

Die Bedeutung der Zeitalter

Es ist zwar weniger wichtig, sich über alle Einzelheiten einig zu sein, doch ist es sicherlich wichtig zu erkennen, daß es überhaupt verschiedene Zeitalter gibt. (Der Unterschied zwischen Gesetz und Gnade ist hierbei besonders wichtig.) Andernfalls nehmen wir Abschnitte der Bibel, die sich auf andere Zeitalter beziehen und wenden sie auf uns selbst an. Zwar ist jeder Teil der Schrift *nützlich für uns* (2Tim 3,16), doch wurden nicht alle *direkt für uns* geschrieben. Abschnitte, die sich auf andere Zeitalter beziehen, beinhalten Anwendungen auf uns, doch zielt ihre Hauptabsicht auf das Zeitalter, für das sie geschrieben sind. So war es z. B. den Juden unter dem Gesetz verboten, das Fleisch unreiner Tiere zu essen, d. h. solcher Tiere, die weder gespaltene Hufe haben noch wiederkäuen (3Mo 11,3). Dieses Verbot ist für uns Christen heute nicht verbindlich (Mk 7,18.19), doch bleibt das darin enthaltene Prinzip für uns bestehen, daß wir uns vor moralischer und geistlicher Unreinheit hüten sollen.

Gott hat dem Volk Israel verheißen, daß er ihm Reichtum schenken würde, wenn es ihm gehorchte (5Mo 28,1-6). Die Betonung liegt dabei auf irdischem Segen an irdischen Orten. Doch das gilt für uns heute so nicht mehr. Gott verheißt uns nicht, daß er unseren Gehorsam mit *finanziellem* Reichtum belohnen würde. Die Segnungen unseres Zeitalters sind dagegen *geistliche* Segnungen in der Himmelswelt (Eph 1,3).

Ein Evangelium für alle Zeitalter

Es gibt zwar Unterschiede zwischen den verschiedenen Zeitaltern, doch *eines* bleibt immer gleich, nämlich das Evangelium. Man wird immer aus Glauben erlöst - das gilt sowohl für vergangene Zeiten, als auch für heute und für die Zukunft. Und die Grundlage der Erlösung in jedem Zeitalter ist das vollendete Werk Christi am Kreuz von Golgatha. Die Menschen des Alten Testamentes wurden gerettet, indem sie der Offenbarung glaubten, die ihnen der Herr jeweils gab. Abraham wurde zum Beispiel dadurch gerettet, daß er Gott glaubte, als er sagte, die Nachfahren des Patriarchen würden so zahlreich wie die Sterne sein (1Mo 15,5-6). Soweit wir das nachvollziehen können, wußte Abraham nicht viel, wenn überhaupt etwas von dem, was viele Jahrhunderte später am Kreuz von Golgatha geschehen sollte. Aber Gott wußte davon. Und als Abraham dem Herrn glaubte, rechnete er Abraham den gesamten Wert des zukünftigen Werkes Christi auf Golgatha an.

Jemand hat einmal gesagt, daß die Heiligen des Alten Testaments gewissermaßen „auf Kredit" erlöst wurden. Das bedeutet, daß sie auf der Basis des Preises errettet wurden, den der Herr Jesus viele Jahre später zahlen würde (das ist die Bedeutung von Röm 3,25). Wir sind auf der Grundlage des Werkes Christi erlöst, das er vor über 1900 Jahren vollbracht hat. Doch in beiden Fällen erfolgt die Erlösung durch den Glauben an den Herrn.

Wir müssen uns vor der Vorstellung hüten, daß das Volk während des Zeitalters des Gesetzes durch das Halten des Gesetzes gerettet wurde oder durch die Tieropfer. Das Gesetz kann nur verurteilen, es kann nicht retten (Röm 3,30). Und das Blut von Stieren und Böcken kann keine einzige Sünde hinwegtun (Hebr 10,4). Nein, Gottes Weg zur Erlösung ist durch Glauben und zwar nur durch Glauben (vgl. Röm 5,1)!

Ein anderer wichtiger Punkt, an den wir uns erinnern sollten, ist folgendes: Wenn wir davon sprechen, daß das gegenwärtige Zeitalter das Zeitalter der Gnade sei, dann meinen wir damit *nicht*, daß Gott in vergangenen

Zeitaltern nicht gnädig gewesen sei. Wir meinen damit nur, daß Gott zur Zeit den Menschen unter der Gnade und nicht unter dem Gesetz *erprobt*. Den Unterschied werden wir in einem späteren Kapitel (18) ausführlicher erklären.

Es ist auch wichtig zu erkennen, daß die Zeitalter nicht immer ganz exakt abzugrenzen sind. Oftmals gibt es es Überschneidungen oder eine Übergangszeit. Wir können dies in der Apostelgeschichte erkennen, etwa an der Tatsache, daß es einige Zeit erforderte, bis die neue Gemeinde einige der Gefahren des vorhergehenden Zeitalter überwunden hatte. Und es ist möglich, daß zwischen der Entrückung und der Trübsal eine Zwischenzeit sein wird, während der sich der Mensch der Sünde offenbart und der Tempel in Jerusalem errichtet wird.

Der Mißbrauch der Lehre von den Zeitaltern.

Ein abschließendes Wort. Wie alle guten Dinge kann man die Lehre von den Zeitaltern auch mißbrauchen. Es gibt einige Christen, die diese Lehre so weit übertreiben, daß sie nur die Gefängnisbriefe des Paulus als maßgeblich für die heutige Kirche ansehen. Folglich lehnen sie sowohl die Taufe als auch das Mahl des Herrn ab, weil diese in den Gefängnisbriefen nicht erwähnt werden. Sie lehren auch, daß das Evangelium des Petrus nicht dasselbe war wie das des Paulus. (Vgl. Gal 1,8.9, wo dies widerlegt wird). Diese Menschen werden manchmal Ultra-Dispensationalisten oder Bullinger-Anhänger genannt (nach einem Lehrer namens E. W. Bullinger). Ihre extreme Lehre von den Zeitaltern sollte man ablehnen.

Kapitel 17

Israel, die Nationen und die Gemeinde

Das Neue Testament teilt die gesamte Menschheit in drei Gruppen ein: Israel, die Nationen und die Gemeinde. So sagt Paulus z. B. in 1. Korinther 10,32: „Seid unanstößig, sowohl für Juden als auch für Griechen als auch für die Gemeinde Gottes."

In Apostelgeschichte 15,14-17 werden diese drei Gruppen der Menschheit auch erwähnt:

Die Gemeinde

„Gott hat zuerst darauf gesehen, aus den Nationen *ein Volk zu nehmen für seinen Namen*" (V. 14, Hervorhebung vom Autor).

Israel

„Nach diesem will ich zurückkehren und wieder aufbauen *die Hütte Davids*, die verfallen ist, und ihre Trümmer will ich wieder bauen und sie wieder aufrichten" (V. 16, Hervorhebung vom Autor).

Die Nationen

„Damit die übrigen Menschen den Herrn suchen und *alle Nationen*, über die mein Name angerufen ist, spricht der Herr, der dieses tut" (V. 17, Hervorhebung vom Autor).

Der Apostel Paulus unterscheidet auch zwischen

den Juden - die Beschneidung, die mit Händen geschieht (Eph 2,11)

den Nationen - die Unbeschnittenen (Eph 2,11)

der Gemeinde - die Beschneidung, die nicht mit Händen geschieht (Kol 2,11).

Beim Bibelstudium verwechselt niemand die Nationen mit Israel oder der Gemeinde, das ist meist nicht das Problem. Deshalb werden wir uns in diesem Kapitel auf den Unterschied zwischen Israel und der Gemeinde beschränken. Dieser Unterschied ist sehr wichtig. Wenn wir diese Gruppen nicht unterscheiden, dann wird unsere Auslegung sich grundlegend ändern, insbesondere auf dem Gebiet der Lehre über die Gemeinde und ihre Zukunft.

Um zu zeigen, wie wichtig dieses Thema ist, sollten wir erwähnen, daß einige Leute lehren, daß die Gemeinde nur eine Erweiterung oder ein Auswuchs Israels ist. Sie sagen: Gott hat durch alle Jahrhunderte hindurch immer eine Gemeinde gehabt. Israel war die Gemeinde des Alten Testamentes, doch als dieses Volk den Messias ablehnte, hat Gott sie für immer von sich gestoßen. Es gibt für das Volk Israel keine Zukunft. Die neutestamentliche Gemeinde ist nun zum Israel Gottes geworden, und die Verheißungen, die an Israel ergangen sind, erfüllen sich nun geistlich an der Gemeinde.

Wir glauben jedoch, daß die Schrift anders lehrt - daß Israel und die Gemeinde in ihrem Ursprung, ihrem Charakter, ihrer Verantwortung und ihrer Bestimmung ganz unterschiedlich sind.

Als Israel den Herrn Jesus als Messias ablehnte, da setzte Gott dieses Volk für eine Zeit beiseite. Dann führte er etwas gänzlich Neues ein - die Gemeinde. Wenn seine Pläne für die Gemeinde auf Erden erfüllt sind, dann wird er sein Handeln am Volk Israel wieder aufnehmen. Israel ist von alters her Gottes auserwähltes Volk, aber die Gemeinde wurde durch eine Art Zwischenschaltung eingeführt.

Der Unterschied zwischen der Gemeinde und Israel wird am besten deutlich, wenn man sie einander gegenüber stellt.

Die Gemeinde	*Israel*
1. Paulus spricht von der Gemeinde als Geheimnis, „das in anderen Geschlechtern den Söhnen der Menschen nicht kundgetan, wie es jetzt seinen heiligen Aposteln und Propheten durch den Geist geoffenbart worden ist" (Eph 3,5). Er sagt, daß dieses Geheimnis von den Zeitaltern her in Gott verborgen war (Eph 3,9) und von Anbeginn der Welt geheim gehalten worden war, daß es aber jetzt durch die prophetischen Schriften geoffenbart wurde (Röm 16,25.26). (Siehe auch Kol 1,25.26).	1. Israel wird niemals Geheimnis genannt. Keine einzige Bezeichnung in der anderen Spalte gilt für Israel.
2. Die Gemeinde wurde zu Pfingsten gegründet, als der Heilige Geist auf die Erde kam (Apg 2). Wir leiten dies von den folgenden Fakten ab: a. Die Gemeinde war noch zukünftig, als Christus auf der Erde war , weil er sagte: „Ich werde meine Gemeinde bauen	2. Das Volk Israel hat seinen Ursprung in der Berufung Abrahams (1Mo 12).

[Futur]" (Mt 16,18). b. Als Paulus seinen ersten Brief an die Gläubigen in Korinth schrieb, war die Gemeinde offensichtlich schon entstanden. Er spricht davon, daß die Gläubigen durch den Geist in den Leib Christi getauft worden sind (1Kor 12,13). c. Wir wissen, daß die verheißene Taufe mit dem Geist zu Pfingsten stattfand. Deshalb war dies die Geburtsstunde der Gemeinde.	
3. Christus ist das Haupt der Gemeinde.	3. Abraham war das Haupt Israels.
4. Die Dazugehörigkeit zur Gemeinde beginnt mit der geistlichen Geburt.	4. Die Dazugehörigkeit zum Volk Israel begann mit der leiblichen Geburt.
5. Die Gemeinde ist Gottes himmlisches Volk. Die Segnungen der Gemeinde sind geistliche Segnungen in der Himmelswelt. Die Staatsbürgerschaft der Christen ist himmlisch. Die Hoffnung der Gemeinde besteht darin, einst mit Christus im Himmel zu sein.	5. Israel war Gottes auserwähltes irdisches Volk. Die Segnungen Israels bestanden in erster Linie in materiellen Segnungen auf Erden, aber nicht ausschließlich. Die Staatsbürgerschaft der Israeliten war irdisch. Die wichtigste Hoffnung für Israel war die irdische Regierung des Messias über das Land. (Damit leugnen wir jedoch nicht, daß gläubige Israeliten in den Himmel kamen, wenn sie starben. Wir behaupten auch nicht, daß sie keine Hoffnung auf den Himmel gehabt hätten. Doch darauf lag nicht das Hauptgewicht der Prophezeiungen an sie.)

6. In der Gemeinde werden gläubige Juden und gläubige Heiden zu einem neuen Menschen in Christus. Sie werden zu Mit-Erben, zu Mit-Gliedern des Leibes und zu Mit-Anteilhabern der Verheißungen des Evangeliums in Christus. In Christus ist die Scheidemauer zwischen Juden und Heiden abgerissen, und beide sind zu einer Einheit geworden (Eph 2,13-17; Eph 3,6).	6. Nichts hiervon kann von Israel gesagt werden. Von Israel aus gesehen sind die Heiden „ohne Christus ..., ausgeschlossen vom Bürgerrecht Israels und Fremdlinge hinsichtlich der Bündnisse der Verheißung“, haben „keine Hoffnung“ und sind „ohne Gott in der Welt“ (Eph 2,12).
7. In der Gemeinde sind alle Gläubigen Priester - heilige und königliche Priester. Als solche haben sie im Glauben jederzeit Zugang zur Gegenwart Gottes (1Petr 2,1-9; Hebr 10,19-22).	7. In Israel wurden die Priester aus dem Stamme Levi und der Familie Aarons gewählt. Nur der Hohepriester durfte in die Gegenwart Gottes treten, und nur an einem Tag im Jahr (Hebr 7,5.11; 9,7).
8. Die Gemeinde wird bei der Entrückung in den Himmel heimgeholt, wird dann mit Christus zurückkehren und mit ihm während des Tausendjährigen Reiches über die Erde regieren.	8. Unter der irdischen Herrschaft Christi werden die Erlösten Israels Untertanen sein.

Es gäbe noch viel mehr Unterschiede zwischen der Gemeinde und Israel aufzuzählen. Im vierten Band seiner „Systematischen Theologie“ (Seiten 47-53), zählt Lewis Sperry Chafer vierundzwanzig unmißverständliche Unterschiede. Doch die, die wir aufgezählt haben, sollten ausreichen, um zu zeigen, daß die Gemeinde in den Plänen und Vorhaben Gottes eine ganz besondere Stellung einnimmt, und daß man sie nicht mit Israel verwechseln darf.

Eine der wichtigsten Bibelstellen, in denen Israel und die Gemeinde immer wieder verwechselt werden, ist die Ölbergrede, wie wir sie in Matthäus 23,37 - 25,46 finden. Dieser Abschnitt betrifft Israel und nicht die Gemeinde. Er beschreibt die Bedingungen vor und bei der Wiederkunft Christi zur Königsherrschaft. Man beachte, daß es in 24,16 heißt: „Dann sollen die in Judäa auf die Berge fliehen" - der Ort der Handlung ist eindeutig jüdisch. Und in Vers 20 lesen wir: „Betet aber, daß eure Flucht nicht ... am Sabbat ... geschehe." Der Sabbat ist keine Einrichtung für die Gemeinde, sondern für Israel. Die Erwählten in Vers 22 sind Gottes *jüdische* Erwählte. Das Kommen Christi in Vers 30 ist nicht das in der Luft für die Gemeinde, sondern sein Kommen auf die Erde als König Israels.

Deshalb sollte jeder Bibelleser zu unterscheiden lernen, ob ein Abschnitt sich auf Israel oder die Gemeinde bezieht. Wenn man vom Tag des Herrn liest, dann kann man sich sicher sein, daß es in erster Linie um Israel geht. Wenn man dagegen vom Tag Christi die Rede ist, kann man sicher davon ausgehen, daß die Gemeinde gemeint ist. Deshalb hat die siebte Posaune in Offenbarung 11 mit Israel zu tun, weil dies zum Tag des Herrn gehört. Doch die „letzte Posaune" in 1. Korinther 15,52 bezieht sich auf die Gemeinde, weil es hier um die Entrückung geht und diese mit dem Tag Christi zusammen gehört.

Zum Schluß müssen wir noch zwei Argumente betrachten, die am häufigsten gebracht werden, wenn versucht wird zu beweisen, daß die Gemeinde *dasselbe* ist wie Israel.

1. In Apostelgeschichte 7,38 wird Israel „Gemeinde

in der Wüste“ genannt. Dabei müssen wir jedoch beachten, daß das Wort, das hier mit „Gemeinde“ übersetzt wird (ekklesia) einfach nur eine Versammlung oder Gemeinschaft von Menschen bedeutet. Die Übersetzung „Versammlung“ der nichtrevidierten Elberfelder Übersetzung ist ein Wort, daß auch heute noch in jüdischen Gemeinden benutzt wird, und gibt diese Wahrheit besser wieder. Dasselbe Wort wird benutzt, um den heidnischen Mob in Ephesus zu beschreiben (Apg 19,32). Von der Gemeinde des Neuen Testamentes wird ausgesagt, daß sie mit Gott, dem Vater, und dem Herrn Jesus Christus verbunden ist.

2. In Galater 6,16 sagt Paulus: „Und soviele dieser Richtschnur folgen werden, Friede und Barmherzigkeit über sie und über das Israel Gottes!“ Der Ausdruck „das Israel Gottes“ soll nun beweisen, daß alle Gläubigen heute zum „Israel Gottes“ gehören. Doch wir glauben, daß dies ein Mißverständnis ist. Wenn Paulus sagt: „Friede über sie“, dann bezieht er sich auf alle Gläubigen. Doch mit den Worten „Israel Gottes“ greift Paulus die gläubigen Juden heraus, die nach der „neuen Schöpfung“ leben (V. 15) und nicht nach dem Gesetz. (Bruns und GN übersetzen hier „besonders dem Israel Gottes“, bzw. „Sie sind das wahre Gottesvolk Israel“. Es ist zwar möglich, so zu übersetzen, doch zeigt sich darin die amillenialistische Einstellung der Übersetzer. Diese unglückliche Übersetzung beraubt Israel all seiner Verheißungen und macht aus der Gemeinde das „Neue Israel“.)

Kapitel 18

Gesetz und Gnade

Gesetz und Gnade sind zwei gegensätzliche Wege Gottes mit den Menschen. Wir können sie als verschiedene Prinzipien beschreiben, unter denen er die Menschen erprobt hat. Oder wir können sie uns als zwei Bünde denken, die er mit seinem Volk geschlossen hat: „Denn das Gesetz wurde durch Mose gegeben; die Gnade und die Wahrheit ist durch Jesus Christus geworden" (Joh 1,17).

Wenn ein Mensch unter dem Gesetz steht, dann erhält er, was er gerechtermaßen verdient hat. Unter der Gnade wird ihm das, was er eigentlich verdient hätte, erspart, und er wird über alle Maßen reich gemacht - und das alles ganz ohne Gegenleistung. Die beiden Prinzipien werden in Römer 4,4-5 beschrieben:

„Dem aber, der Werke tut, wird der Lohn nicht angerechnet nach Gnade, sondern nach Schuldigkeit. Dem dagegen, der nicht Werke tut, sondern an den glaubt, der den Gottlosen rechtfertigt, wird sein Glaube zur Gerechtigkeit gerechnet."

Gnade und Gesetz schließen einander aus, d. h. man kann sie nicht zusammen anwenden. „Wenn aber durch Gnade, so nicht mehr aus Werken; sonst ist die Gnade nicht mehr Gnade" (Röm 11,6a).

Das Gesetz ist ein Bund, *der auf Bedingungen beruht.* Gott sagt: „Wenn du gehorsam bist, dann werde ich dich belohnen, doch wenn du ungehorsam bist, dann muß ich dich bestrafen." Die Gnade ist ein *bedingungsloser* Bund. Gott sagt: „Ich will dich ohne Gegenleistung segnen."

Das Gesetz sagt: „Tue etwas", während die Gnade sagt: „Glaube etwas." Doch handelt es sich beim Glauben *nicht* um eine Bedingung, sondern um die einzig mögliche Reaktion des Geschöpfes auf seinen Schöpfer. Und es ist damit kein Verdienst verbunden; niemand kann stolz darauf sein, daß er an den Herrn glaubt. Es wäre schlicht und einfach Dummheit, nicht an die einzig verläßliche Person des Universums zu glauben.

Unter dem Gesetz wird Heiligung verlangt, aber dem Gläubigen wird keine Kraft gegeben, ein geheiligtes Leben zu führen. Unter der Gnade wird Heiligung gelehrt (Tit 2,11.12) und auch die notwendige Kraft verliehen. Jemand hat es einmal so ausgedrückt: „Das Gesetz verlangt von jemandem Kraft, der keine hat und verurteilt ihn, wenn er sie nicht aufbringt. Die Gnade gibt demjenigen, der keine hat, die Kraft und segnet ihn, wenn er sie anwendet."

Das Gesetz bringt uns unter einen Fluch: „Ver-flucht ist jeder, der nicht bleibt in allem, was im Buch des Gesetzes geschrieben ist, um es zu tun" (Gal 3,10b). Die Gnade jedoch bringt uns unter einen Segen: Wir „werden umsonst gerechtfertigt durch seine Gnade, durch die Erlösung, die in Christus Jesus ist" (Röm 3,24).

Unter dem Gesetz wird Eigenlob ermöglicht, doch unter der Gnade ist es ausgeschlossen. „Wo bleibt nun der Ruhm? Er ist ausgeschlossen. Durch was für ein Gesetz? Der Werke? Nein, sondern durch das Gesetz des Glaubens" (Röm 3,27).

Unter dem Gesetz kann es keinerlei Heilsgewißheit geben, denn man kann nie wissen, wann man genug gute Werke getan hat, und ob es auch die richtigen Werke waren. Unter der Gnade dagegen hat der Gläubige volle Heilsgewißheit, weil es sich um ein Geschenk handelt, und jeder *weiß*, wenn er ein Geschenk erhalten hat.

Ein Mensch unter dem Gesetz kann niemals echte Sicherheit haben, weil er nie sicher sein kann, daß er auch *in Zukunft* den Anforderungen Gottes entsprechen wird. Unter der Gnade hat der Gläubige ewige Sicherheit (Joh 10,27-29), weil seine Erlösung auf dem vollkommenen Werk Christi basiert.

Es gibt keine Erlösung durch das Gesetz. Gott hat nie beabsichtigt, jemand aufgrund dieses Prinzips zu erretten. Das Gesetz hat die Aufgabe, den Menschen zu zeigen, daß sie Sünder sind. „Durch Gesetz kommt Erkenntnis der Sünde“ (Röm 3,20b) - nicht Erkenntnis der Erlösung.

Die Erlösung geschieht aus Gnade (Eph 2,8-9). Sie ist ein unverdientes Geschenk Gottes an diejenigen, die den Herrn Jesus Christus als ihre einzige Hoffnung auf den Himmel annehmen.

Unter dem Gesetz wird die Sünde *reizvoll* (Röm 7,8-13); unter der Gnade wird die Sünde *ekelerregend.* Wenn ein sündiger Mensch unter das Gesetz gestellt wird, dann will er sofort das Verbotene tun. Das liegt nicht am Gesetz, sondern an der sündigen Natur des Menschen. Unter der Gnade wird die Sünde gehaßt. Die Erinnerung daran, was unser Heiland wegen unserer Sünden erleiden mußte, hilft dem Gläubigen, sich von der Sünde abzuwenden.

Unter dem Gesetz ist das Werk nie vollkommen. Deshalb stand der Sabbat, der siebte Tag am *Ende* einer Woche der Mühe und Arbeit. Die Gnade berichtet uns von einem vollendeten Werk, deshalb *beginnen* wir unsere Woche mit dem Tag des Herrn, unserem Ruhetag.

Das Gesetz sagt dem Menschen, was er tun muß. Die Gnade offenbart, was Gott in Christus schon getan hat.

Das Gesetz bringt Sklaverei (Gal 4,1-3); die Gnade dagegen bietet ein Leben in Freiheit (Gal 5,1). Menschen unter dem Gesetz sind *Sklaven*, die Menschen unter der Gnade sind *Söhne* und *Töchter*.

Das Gesetz sagt: „Du sollst lieben ...", die Gnade dagegen: „So sehr hat Gott geliebt ..."

Das Gesetz sagt: „Tue, so wirst du leben." Die Gnade sagt: „Lebe, und du wirst tun."

Das Gesetz stellt Ansprüche. Die Gnade überschüttet mit Vorrechten.

Das Gesetz verurteilt die Besten. Die Gnade rechtfertigt die Schlimmsten.

Das Gesetz muß man halten. Die Gnade hält uns.

Das Gesetz läßt den Menschen keine Entschuldigung. Die Gnade schenkt uns einen Anwalt.

Unter dem Gesetz wurde der abtrünnige Sohn aus der Stadt geschleppt und gesteinigt (5Mo 21,18-21). Unter der Gnade kann der verlorene Sohn seine Sünde bekennen und wieder in die Gemeinschaft in seines Vaters Hause aufgenommen werden (Lk 15,21-24).

Unter dem Gesetz sterben die Schafe für den Hirten. Unter der Gnade stirbt der Hirte für die Schafe (Joh 10,11).

Die Überlegenheit der Gnade ist einmal folgendermaßen beschrieben worden: Die Gnade hält nicht nach guten Menschen Ausschau, die sie belohnen kann, weil es keine Gnade, sondern Gerechtigkeit ist, die Guten zu belohnen; sondern sie sucht nach verlorenen, schuldigen, sprachlosen und hilflosen Menschen, die sie erretten, heiligen und verherrlichen kann.

Martin Luther sagte, daß man, wenn man zwischen Gesetz und Gnade richtig unterscheiden könne, Gott für diese Fähigkeit danken und sich selbst für einen fähigen Theologen halten solle.

Kapitel 19

Die Gemeinde und das Reich

Es wird wahrscheinlich viele Leser überraschen, wenn sie erfahren, daß die Gemeinde nicht dasselbe wie das Reich Gottes oder das Reich der Himmel ist. Die meisten Christen meinen normalerweise, daß die Begriffe „Gemeinde" und „Reich" deckungsgleich seien. Doch wenn man zwischen beiden nicht unterscheidet, so führt dies sowohl in der Lehre als auch in der Praxis zu ernsthaften Problemen.

Im letzten Kapitel haben wir ausführlich über die Gemeinde gesprochen, deshalb ist es nicht notwendig, dies hier zu wiederholen. Es reicht, wenn wir uns daran erinnern, daß die Gemeinde ein einzigartiges Gebilde ist, das keinem anderen Handeln Gottes an den Menschen entspricht. Christus ist das Haupt, und alle Gläubigen die Glieder. Rassische, soziale und Geschlechterunterschiede sind in Christus abgeschafft, denn alle werden eins in ihm. Die Gemeinde wurde zu Pfingsten gegründet und sie wird mit der Entrückung aufhören zu existieren. Sie wird Leib und Braut Christi genannt und dazu bestimmt, mit ihm sein Reich zu regieren und in Ewigkeit seine Herrlichkeit zu teilen.

Doch was hat es mit dem Reich der Himmel auf sich?

Das Reich der Himmel ist der Bereich, in dem Gottes Herrschaft anerkannt wird. Das Wort *Himmel* wird bildlich benutzt, um Gott zu bezeichnen, das kann man

z. B. in Daniel 4,25.26 deutlich erkennen. In Vers 25 sagt Daniel, daß der Höchste die Reiche der Menschen regiert. Gleich im nächsten Vers sagt er, daß der Himmel regiert. So verkündigt das Reich der Himmel die Herrschaft Gottes, die immer dort besteht, wo Menschen sich dieser Herrschaft unterordnen.

Der Begriff des Reiches Gottes wird in zweierlei Sinn verwendet. Im *weiteren* Sinne gehört zum Reich Gottes jeder, der nur von sich bekennt, Gott als den höchsten Herrscher anzuerkennen. Im *engeren* Sinne jedoch gehören nur diejenigen Menschen dazu, die sich wirklich bekehrt haben. Wir können dies durch zwei konzentrische Kreise darstellen, einen kleinen innerhalb eines größeren:

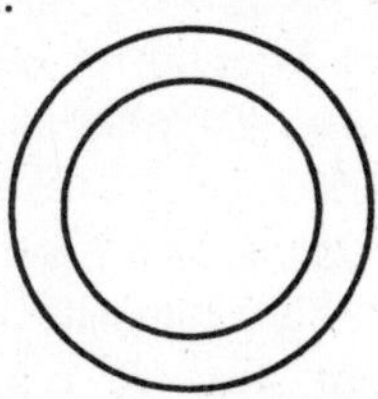

Der große Kreis ist der Bereich des bloßen Bekennertums - dazu gehören echte und falsche Bekenner, Weizen und Unkraut. Der innere Kreis umfaßt nur diejenigen, die wirklich durch den Glauben an den Herrn Jesus Christus wiedergeboren sind.

Wenn wir alle biblischen Hinweise auf das Reich vergleichen, dann können wir seine historische Entwicklung in fünf verschiedenen Abschnitten verfolgen.

Das vorhergesagte Reich

Zunächst einmal wird das Reich im Alten Testament

vorhergesagt. Daniel prophezeite, daß Gott ein Reich schaffen würde, das niemals zerstört werden und niemals seine Souveränität an ein anderes Volk abgeben wird (Dan 2,44). Er sah auch das Kommen Christi und seine universale und ewige Herrschaft voraus (Dan 7,13-14; s. a. Jer 23,5.6).

Das Reich ist nahe

Zweitens wird das Reich als ein *Reich* bezeichnet, das *nahe herbeigekommen* und in der Person des Königs *gegenwärtig* ist. Zuerst verkündigten Johannes der Täufer, später die Jünger und danach Jesus, daß das Reich nahe sei (Mt 3,2;4,17;10,7). Der König war gekommen, um sich seinem Volk Israel vorzustellen. Jesus sagte: „Wenn ich aber durch den Geist Gottes die Dämonen austreibe, so ist also das Reich Gottes zu euch gekommen" (Mt 12,28). Bei einer anderen Gelegenheit sagte er: „Das Reich Gottes ist mitten unter euch" (Lk 17,21). Es war gegenwärtig, weil der König auf den Plan getreten war. (Zwar beziehen sich die letzten beiden Stellen mehr auf das Reich Gottes als auf das Reich der Himmel, doch wir werden weiter unten zeigen, daß die beiden Begriffe im neuen Testament austauschbar sind.)

Die Zwischenform des Reiches

Als drittes wird das Reich in einer *Zwischenform* beschrieben. Nachdem der König vom Volk Israel abgelehnt worden war, kehrte der König in den Himmel zurück. Das Reich existiert heute in den Herzen all derer, die sein Königtum anerkennen, während der König abwesend ist, und die moralischen und ethischen Prinzipien des Reiches sind auf uns heute anwendbar. Diese Zwischenform des Reiches wird in den Gleichnissen von Matthäus 13 beschrieben.

Das Reich wird offenbar

Die vierte Phase des Reiches ist seine *Offenbarung*. Dabei handelt es sich um die wörtliche, tausendjährige Herrschaft Christi auf Erden, die oft auch Tausendjähriges Reich genannt wird. Sie wurde auf dem Berg der Verklärung vorgeschattet, als der Herr in der Herrlichkeit seiner kommenden Herrschaft gesehen wurde (Mt 16,28). Jesus bezog sich auf dieses Reich, als er sagte: „Ich sage euch aber, daß viele von Osten und Westen kommen und mit Abraham und Isaak und Jakob zu Tisch liegen werden in dem Reich der Himmel" (Mt 8,11).

Das ewige Reich

Die fünfte und endgültige Form wird das *ewige* Reich sein. Es wird in 2. Petrus 1,11 beschrieben als „das ewige Reich unseres Herrn und Heilandes Jesus Christus."

Das Reich der Himmel und das Reich Gottes

Der Ausdruck „Reich der Himmel" findet sich nur im Matthäusevangelium. Der Ausdruck „Reich Gottes" findet sich in allen vier Evangelien. Es gibt praktisch keinen Unterschied, denn über beide gibt es dieselben Aussagen. Z. B. sagte Jesus in Matthäus 19,23, daß es für einen Reichen schwer sei, in das Reich *der Himmel* zu kommen. In Markus 10,23 und Lukas 18,24 wird Jesus zitiert, als er dasselbe über das Reich *Gottes* aussagt. In demselben Matthäusabschnitt sagt Jesus dann praktisch dasselbe aus über das Reich *Gottes* (vergl. Mt 19,23 mit 19,24).

Andere Abschnitte, in denen das Reich der Himmel und das Reich Gottes austauschbar verwendet werden, sind:

Vergleiche Mt 4,17 mit Mk 1,15.
Vergleiche Mt 8,11 mit Lk 13,29.
Vergleiche Mt 10,7 mit Lk 9,2.
Vergleiche Mt 11,11 mit Lk 7,28.
Vergleiche Mt 13,11 mit Mk 4,11.
Vergleiche Mt 13,31 mit Mk 4,30.31; Lk 13,18.
Vergleiche Mt 13,33 mit Lk 13,20.21.
Vergleiche Mt 19,14 mit Mk 10,14;Lk 18.16.

Wir haben erwähnt, daß das Reich der Himmel einen weiteren und einen engeren Sinn hat. Dasselbe gilt für das Reich Gottes. Das kann auf folgende Weise gezeigt werden:

Reich der Himmel	*Reich Gottes*
Im weiteren Sinne gehören zum Reich alle, die echte Untertanen des Königs sind, und auch die, die eine Verbindung zu ihm nur bekennen. Das sieht man in den Gleichnissen vom Sämann (Mt 13,3-11), vom Senfkorn (Mt 13,31.32) und vom Sauerteig (Mt 13,33).	Auch zu diesem gehören die echten und die falschen Bekenner. Das sieht man in den Gleichnissen vom Sämann (Lk 8,4-10), vom Senfkorn (Lk 13,18.19) und vom Sauerteig (Lk 13,20.21).
Im engeren Sinne kommen nur die ins Reich der Himmel, die wirklich bekehrt sind (Mt 18,3).	Von seiner inneren Bedeutung her können nur die in das Reich Gottes kommen, die wiedergeboren sind (Joh 3,3.5).

	Der Apostel Paulus meint die engere Bedeutung, wenn er sagt, daß „das Reich Gottes ... nicht Essen und Trinken, sondern Gerechtigkeit und Friede und Freude im Heiligen Geist ist“ (Röm 14,17). Er betonte auch, daß „das Reich Gottes nicht im Wort, sondern in Kraft“ besteht (1Kor 4,20).

Das Reich und die Gemeinde

Der Unterschied zwischen dem Reich und der Gemeinde sieht man in folgendem: Das Reich begann, als Christus seinen öffentlichen Dienst begann, während die Gemeinde zu Pfingsten begann (Apg 2). Das Reich wird auf der Erde weiterbestehen, bis die Erde zerstört wird, die Gemeinde wird nur bis zur Entrückung auf der Erde sein. Später wird sie jedoch mit ihm wiederkommen und mit ihm als seine Braut regieren. *Gegenwärtig* sind diejenigen Menschen, die zum Reich im engeren Sinne gehören, auch Glieder der Gemeinde. *Dies ist der einzige Bereich, in dem beide sich überschneiden.*

Teil 4

Unterschiede
in
zukünftigen Ereignissen

Kapitel 20

Das erste und das zweite Kommen Christi

Um die Bibel recht verstehen und sich daran erfreuen zu können, müssen wir zwischen dem ersten und dem zweiten Kommen Christi unterscheiden. Sein erstes Kommen ist natürlich seine Geburt als Kind in der Krippe von Bethlehem. Das zweite Kommen ist seine Wiederkunft. Das erste Kommen betrifft die Leiden des Christus, das zweite die Herrlichkeit danach (1Petr 1,11).

In diesem Kapitel werden wir uns mit der Wiederkunft Christi ganz allgemein beschäftigen und nur die Tatsache erwähnen, *daß* er wiederkommt. Im nächsten Kapitel geht es darum, daß es mehrere Phasen seiner Wiederkunft gibt.

Die Propheten des Alten Testamentes sahen das Kommen des Messias voraus, doch sie waren durch das Geschaute verwirrt. Der Geist Gottes enthüllte ihnen, daß Christus sowohl in Niedrigkeit als auch in Herrlichkeit kommen würde. Er sollte leiden und sterben, doch er würde auch über alle seine Feinde triumphieren. Das konnten sie nicht miteinander vereinbaren. Was sie nicht erkannten, war die Tatsache, daß es sich um zwei verschiedene Kommen des Messias handelte, zwischen denen mehr als 1900 Jahre liegen würden.

Die beiden Kommen Christi werden in der Bibel oft verschmolzen, ohne daß dabei eine Zwischenzeit erwähnt wird. Wenn wir lernen, diese plötzlichen Übergänge zu erkennen, dann wird das viel zu unserer Freude und zu unserem Nutzen beitragen. Hier nun einige Beispiele.

Beispiele für Texte, die gleichzeitig beide Kommen Christi erwähnen

Die ersten 22 Verse von Psalm 22 beziehen sich eindeutig auf das erste Kommen, denn sie zeigen die Leiden des Retters am Kreuz. Doch dann sehen wir einen Bruch zwischen den Versen 22 und 23. Die letzten zehn Verse handeln von der Wiederkunft Christi in Sieg und Herrlichkeit.

Wir finden die beiden Kommen Christi auch in Jesaja 9,5-6:

„Denn ein Kind ist uns geboren, ein Sohn uns gegeben, und die Herrschaft ruht auf seiner Schulter; und man nennt seinen Namen: Wunderbarer Ratgeber, starker Gott, Vater der Ewigkeit, Fürst des Friedens. Groß ist die Herrschaft, und der Friede wird kein Ende haben auf dem Thron Davids und über seinem Königreich, es zu festigen und zu stützen durch Recht und Gerechtigkeit von nun an bis in Ewigkeit. Der Eifer des Herrn der Heerscharen wird dies tun."

Christi Ankunft in Bethlehem wird mit den Worten beschrieben: „Denn ein Kind ist uns geboren, ein Sohn uns gegeben." Der gesamte Rest der Verse weist auf die Zeit seiner Wiederkunft hin, wenn er in Macht und großer Herrlichkeit regieren wird.

Die zwei Kommen Christi finden sich auch in Jesaja 49,7:

„So spricht der HERR, der Erlöser Israels, sein Heiliger, zu dem ganz und gar Verachteten, zu dem Verabscheuten der Nation, zu dem Knecht der Herrscher:

Könige werden es sehen und aufstehen, auch Oberste, und sie werden sich niederwerfen um des HERRN willen, der treu ist, um des Heiligen Israels willen, der dich erwählt hat."

Sein erstes Kommen findet sich in den Worten „zu dem ganz und gar Verachteten, zu dem Verabscheuten der Nation, zu dem Knecht der Herrscher", doch der übrige Vers weist unmißverständlich auf sein zweites Kommen hin.

Nun beachte man Jesaja 52,14-15:

„Wie sich viele über dich entsetzt haben - so entstellt war sein Aussehen, mehr als das irgendeines Mannes, und seine Gestalt mehr als die der Menschenkinder -, ebenso wird er viele Nationen besprengen; über ihn werden Könige ihren Mund schließen. Denn sie werden sehen, was ihnen nicht erzählt worden war, und was sie nicht gehört hatten, werden sie wahrnehmen."

Vers 14 beschreibt ganz offensichtlich den Retter am Kreuz, denn diejenigen, die die Zeugen der Kreuzigung wurden, waren erstaunt, wie tief sein Leiden war. Er war auch so entstellt, daß er nicht mehr als Mensch erkenntlich war. Doch dies stellt einen scharfen Kontrast zu Vers 15 dar. Wenn der Erlöser wiederkommen wird, dann werden sich die Menschen über seine Herrlichkeit wundern. Die Völker werden erstaunt sein, daß der bescheidene Fremde aus Galiläa als König der Könige und Herr der Herren wiederkommen wird.

Eines der bekanntesten Beispiele für einen Abschnitt, in dem die beiden Kommen Christi vermischt werden, ist Jesaja 61,1.2:

„Der Geist des Herrn, HERRN ist auf mir; denn der HERR hat mich gesalbt. Er hat mich gesandt, den

Elenden frohe Botschaft zu bringen, zu verbinden, die gebrochenen Herzens sind, Freilassung auszurufen den Gefangenen und Öffnung des Kerkers den Gebundenen, auszurufen das Gnadenjahr des Herrn und den Tag der Rache für unsern Gott, zu trösten alle Trauernden."

Als Jesus in der Synagoge in Nazareth war, zitierte er diese Verse (Lk 4,18-19). Man beachte jedoch, daß er mit den Worten schloß, „auszurufen das Gnadenjahr des Herrn". Warum? Weil sein erstes Kommen das „Gnadenjahr des Herrn" einleitete. Seine Wiederkunft wird den „Tag der Rache für unseren Gott" einleiten.

Wir finden ein ähnliches Beispiel für die beiden Kommen Christi in Psalm 34,16-17:

„Die Augen des HERRN sind gerichtet auf die Gerechten und seine Ohren auf ihr Schreien. Denen, die Böses tun, steht das Angesicht des HERRN entgegen, um ihr Gedächtnis von der Erde zu tilgen."

Als Petrus diese Verse in 1. Petrus 3,12 zitiert, läßt er die Worte weg „um ihr Gedächtnis von der Erde zu tilgen". Der Rest dieses Zitates gilt für unser Zeitalter, doch der letzte Abschnitt verweist auf die Wiederkunft Christi.

Der Prophet Micha sagte voraus, daß Bethlehem der Geburtsort des Messias sein würde (Mi 5,1):

„Und du, Bethlehem Efrata, das du klein unter den Tausendschaften von Juda bist, aus dir wird mir der hervorgehen, der Herrscher über Israel sein soll; und seine Ursprünge sind von der Urzeit, von den Tagen der Ewigkeit her."

Doch dann geht Micha plötzlich zur Wiederkunft Christi über, bei der seine Herrlichkeit auch die Enden der Erde erreichen wird (Mi 5,3):

„Und er wird auftreten und seine Herde weiden in der Kraft des Herrn, in der Hoheit des Namens des Herrn, seines Gottes. Und sie werden in Sicherheit wohnen. Ja, jetzt wird er groß sein bis an die Enden der Erde."

In Sacharja 9,9 finden wir ganz offensichtlich eine Vorhersage des siegreichen Einzuges Christi in Jerusalem:

„Juble laut, Tochter Zion, jauchze, Tochter Jerusalem! Siehe, dein König kommt zu dir: Gerecht und siegreich ist er, demütig und auf einem Esel reitend, und zwar auf einem Fohlen, einem Jungen der Eselin."

Doch der nächste Vers führt uns schon weiter zu seiner Wiederkunft, wenn sich die Herrschaft Christi bis zu den Enden der Erde erschrecken will.

„Und ich rotte die Streitwagen aus Ephraim und die Pferde aus Jerusalem aus, und der Kriegsbogen wird ausgerottet. Und er verkündet Frieden den Nationen. Und seine Herrschaft reicht von Meer zu Meer und vom Strom bis an die Enden der Erde."

Genauso wie im Alten Testament werden die beiden Kommen Christi im Neuen Testament miteinander in einem Atemzug erwähnt. Nehmen wir z. B. Lukas 1,31-33:

„Und siehe, du wirst schwanger werden und einen Sohn gebären, und du sollst ihm seinen Namen Jesus nennen. Dieser wird groß sein und Sohn des Höchsten genannt werden; und der Herr, Gott, wird ihm den Thron seines Vaters David geben; und er wird über das Haus Jakobs herrschen in Ewigkeit, und seines Königtums wird kein Ende sein."

Der erste Vers erfüllte sich offensichtlich, als Jesus geboren wurde (s. Mt 1,25). Doch die Verse 32 und 33 übergehen das gegenwärtige Zeitalter der Gemeinde und springen zu der Zeit, zu der Christus wiederkommen wird, um den Thron Davids einzunehmen und über die Erde zu herrschen.

In Lukas 20,18 werden die beiden Kommen eher angedeutet:

„Jeder, der auf jenen Stein fällt, wird zerschmettert werden; auf wen er aber fallen wird, den wird er zermalmen."

Im ersten Teil des Verses ist der Stein (Christus) auf der Erde. Während seiner Menschwerdung fielen Menschen über ihn wurden zerschmettert. In der zweiten Hälfte des Verses kommt der Stein von oben herab. Wenn Christus wiederkommt, wird er die Ungehorsamen zu Staub zermalmen.

Eine letzte und etwas offensichtlichere Stelle, die die beiden Kommen Christi gemeinsam erwähnt, findet sich in Hebräer 9,26.28:

„... - sonst hätte er oftmals leiden müssen von Grundlegung der Welt an -; jetzt aber ist er einmal in der Vollendung der Zeitalter offenbar geworden, um durch sein Opfer die Sünde aufzuheben ... so wird auch der Christus, nachdem er einmal geopfert worden ist, um vieler Sünden zu tragen, zum zweiten Male ohne Beziehung zur Sünde denen zum Heil erscheinen, die ihn erwarten."

Er ist einmal erschienen, um die Sünde durch das Opfer seines Leibes hinwegzunehmen, das war sein erstes Kommen. Er wird ein zweites mal ohne Beziehung zur Sünde zum Heil erscheinen, und zwar bei seiner Wiederkunft.

Kapitel 21

Phasen der Wiederkunft Christi

Im vorhergehenden Kapitel haben wir gesehen, daß es notwendig ist, zwischen dem ersten und dem zweiten Kommen Christi zu unterscheiden. Das erste ist Vergangenheit, denn es fand vor fast 2000 Jahren statt. Das zweite ist uns prophezeit, es liegt noch in der Zukunft.

Doch es ist auch notwendig zu erkennen, daß die Wiederkunft Christi kein einzelnes Ereignis ist. Sie zieht sich vielmehr über eine längere Zeit hin und hat vier Phasen oder Etappen. Deshalb wollen wir in diesem Kapitel diese Phasen einzeln untersuchen.

In der Ursprache des Neuen Testamentes bedeutete ein viel verwendetes Wort für „Kommen" soviel wie „eine Gegenwart" oder „hinzu kommen" (parousia). Es bezeichnet die Ankunft und die darauffolgende Anwesenheit. Es wurde häufig in Verbindung mit der Ankunft des Kaisers und dem darauf folgenden Aufenthalt benutzt.

Auch im Deutschen wird das Wort *Kommen* in dieser Weise benutzt. Wenn wir etwa sagen, das *Kommen* Christi nach Galiläa brachte der Menge Heilung. Wir meinen damit nicht nur den Tag und die Stunde, zu der er nach Galiläa kam, sondern den gesamten Zeitabschnitt, den er in dem Gebiet verbrachte.

Wenn wir deshalb an die Wiederkunft Christi denken, dann sollten wir damit eher einen Zeitraum verbinden als einen einzelnen Zeitpunkt. Dieser Zeitraum der Wiederkunft hat vier Phasen, und zwar folgende:

1. Einen Anfang
2. Ein Ereignis
3. Eine Offenbarung
4. Einen Höhepunkt

1. Der Anfang der Wiederkunft Christi

Der Anfang des Kommens Christi wird *Entrückung* genannt, d. h., das Kommen Christi für seine Heiligen. Das Wort bedeutet, daß etwas „hinweggenommen" wird. Christus wird in unsere Atmosphäre kommen, die Toten in Christus werden auferweckt werden, die noch lebenden Gläubigen werden verwandelt werden, und alle werden miteinander in das Haus des Vaters eingehen. Das könnte jeden Moment geschehen, und wird in einem kurzen Augenblick stattfinden.

„Denn wie in Adam alle sterben, so werden auch in Christus alle lebendig gemacht werden. Jeder aber in seiner eigenen Ordnung: der Erstling, Christus; sodann die, welche Christus gehören bei seiner Ankunft" (1Kor 15,22-23).

„Wir wollen euch aber, Brüder, nicht in Unkenntnis lassen über die Entschlafenen, damit ihr nicht betrübt seid wie die übrigen, die keine Hoffnung haben. Denn wenn wir glauben, daß Jesus gestorben und auferstanden ist, wird auch Gott ebenso die Entschlafenen durch Jesus mit ihm bringen. Denn dies sagen wir euch in einem Wort des Herrn, daß wir, die Lebenden, die übrigbleiben bis zur Ankunft des Herrn, den Entschlafenen keineswegs zuvorkommen werden. Denn der Herr selbst wird beim Befehlsruf, bei der Stimme eines Erzengels und bei dem Schall der Posaune Gottes herabkommen vom Himmel, und die Toten in Christus werden zuerst auferstehen; danach werden wir, die Lebenden, die übrigbleiben, zugleich mit ihnen entrückt werden in Wolken dem Herrn entgegen in die Luft; und so werden wir allezeit beim Herrn sein. So ermuntert nun einander mit diesen Worten“ (1Tim 4,13-18).

„Wir bitten euch aber, Brüder, wegen der Ankunft unseres Herrn Jesus Christus und unserer Vereinigung mit ihm ...“ (2Thes 2,1).

„Habt nun Geduld, Brüder, bis zur Ankunft des Herrn! Siehe, der Bauer wartet auf die köstliche Frucht der Erde und hat Geduld ihretwegen, bis sie den Früh- und Spätregen empfange. Habt auch ihr Geduld, befestigt eure Herzen, denn die Ankunft des Herrn ist nahe gekommen“ (Jak 5,7-8).

„Und nun, Kinder, bleibt in ihm, damit wir, wenn er geoffenbart werden wird, Freimütigkeit haben und nicht vor ihm beschämt werden bei seiner Ankunft“ (1Jo 2,28).

Andere Abschnitte, die sich auf die Entrückung beziehen, sind Johannes 14,1-4; 1. Korinther 15,51-54; Philipper 3,20-21; 1. Thessalonicher 1,10; Hebräer 9,28; 1. Johannes 3,2; Offenbarung 22,7.20.

2. Der Verlauf der Wiederkunft Christi

Zur zweiten Phase, dem Verlauf des Kommens Christi, gehört der Richterstuhl Christi, bei dem die Gläubigen für treuen Dienst belohnt werden.

„Denn wer ist unsere Hoffnung oder Freude oder Ruhmeskranz - nicht auch ihr? - vor unserem Herrn Jesus bei seiner Ankunft“ (1Thes 2,19)?

„Er selbst aber, der Gott des Friedens, heilige euch völlig; und vollständig möge euer Geist und Seele und Leib untadelig bewahrt werden bei der Ankunft unseres Herrn Jesus Christus“ (1Thes 5,23).

Vergleiche auch Römer 14,10-12; 1. Korinther 3,11-15; 2. Korinther 5,10; 2. Timotheus 4,7-8.

Ein anderes Ereignis, das wahrscheinlich zum *Verlauf* des Kommens Christi gehört, ist das Hochzeitsmahl des Lammes. Von seiner Plazierung in der Offenbarung her wissen wir, daß es vor der Übernahme des Reiches durch Christus stattfindet. Wir führen es hier mit auf, auch wenn das Wort „Kommen“ nicht in Verbindung damit genannt wird.

„Und ich hörte etwas wie eine Stimme einer großen Volksmenge und wie ein Rauschen vieler Wasser und wie ein Rollen starker Donner, die sprachen: Halleluja! Denn der Herr, unser Gott, der Allmächtige, hat die Herrschaft angetreten. Laßt uns fröhlich sein und frohlocken und ihm die Ehre geben; denn die Hochzeit des Lammes ist gekommen, und sein Weib hat sich bereitgemacht. Und ihr wurde gegeben, daß sie sich kleide in feine Leinwand, glänzend, rein; denn die feine Leinwand sind die gerechten Taten der Heiligen. Und er spricht zu mir: Schreibe: Glückselig, die geladen sind zum Hochzeitsmahl des Lammes! Und er spricht zu mir: Dies sind die wahrhaftigen Worte Gottes“ (Offb 19,6-9).

Während diese Vorgänge im Himmel stattfinden, wird die Erde eine Trübsalszeit durchmachen. Es wird sich dabei um einen Zeitraum von etwa sieben Jahren handeln, während dessen Gott immer schrecklichere Gerichte über die Erde bringt (Dan 9,27; Mt 24,4-28;

Offb 6 - 19). Die zweite Hälfte dieses Abschnittes ist unter dem Namen „die Große Trübsal“ bekannt, in ihr werden Katastrophen und Nöte ungeahnten Ausmaßes stattfinden (Mt 24,15-31).

3. Die Offenbarung der Wiederkunft Christi

Die dritte Phase ist die *Offenbarung* der Wiederkunft Christi, d. h., sein Kommen auf die Erde in Macht und großer Herrlichkeit als König der Könige und Herr der Herren. Die Welt wird die Entrückung nicht sehen, denn sie wird im Bruchteil einer Sekunde stattfinden. Doch alle Augen werden sehen, wenn Christus auf die Erde kommt, um zu herrschen. Deshalb sprechen wir von der Offenbarung seiner Wiederkunft.

„Als er aber auf dem Ölberg saß, traten seine Jünger für sich allein zu ihm und sprachen: Sage uns, wann wird das sein, und was ist das Zeichen deiner Ankunft und der Vollendung des Zeitalters“ (Mt 24,3)?

„Denn wie der Blitz ausfährt von Osten und bis nach Westen leuchtet, so wird die Ankunft des Sohnes des Menschen sein“ (Mt 24,27).

„Aber wie die Tage Noahs waren, so wird auch die Ankunft des Sohnes des Menschen sein“ (Mt 24,37).

„Sie erkannten es nicht, bis die Flut kam und alle wegraffte, so wird auch die Ankunft des Sohnes des Menschen sein“ (Mt 24,39).

„... um eure Herzen zu festigen, untadelig in Heiligkeit zu sein vor unserem Gott und Vater bei der Ankunft unseres Herrn Jesus mit allen seinen Heiligen“ (1Thes 3.13).

„Und dann wird der Gesetzlose geoffenbart werden, den der Herr Jesus beseitigen wird durch den Hauch seines Mundes und vernichten durch die Erscheinung seiner Ankunft“ (2. Thes 2,8).

„Denn wir haben euch die Macht und Ankunft unseres Herrn Jesus Christus kundgetan, nicht indem wir ausgeklügelten Fabeln folgten, sondern weil wir Augenzeugen seiner herrlichen Größe gewesen sind“ (2. Petr 1,16). (Hier beschreibt der Apostel Petrus die Offenbarung des Kommens Christi, wie sie auf dem Berg der Verklärung im voraus dargestellt wurde.)

Andere Erwähnungen dieser dritten Phase der Wiederkunft Christi sind Sacharja 14,4; Maleachi 3,19-21; Apostelgeschichte 1,11; 2. Thessalonicher 1,7-9; Judas 14; Offenbarung 1,7; 19,11-16.

Wenn Christi Kommen als Menschensohn erwähnt wird, bezieht sich das immer auf diese dritte Phase.

4. Der Höhepunkt der Wiederkunft Christi

Die letzte Phase ist der Höhepunkt des Kommens Christi, nämlich die Vernichtung des Himmels und der Erde im Feuer. Sie folgt auf die tausendjährige Herrschaft Christi auf der Erde. In 2. Petrus 3,4.7-13 ist davon die Rede:

„Und sagen: Wo ist die Verheißung seiner Ankunft? Denn seitdem die Väter entschlafen sind, bleibt alles so von Anfang der Schöpfung an. ... Die jetzigen Himmel und die jetzige Erde aber sind durch dasselbe Wort aufbewahrt und für das Feuer aufgehoben zum Tag des Gerichts und des Verderbens der gottlosen Menschen. Dies eine aber sei euch nicht verborgen, Geliebte, daß beim Herrn ein Tag ist wie tausend Jahre und tausend Jahre wie ein Tag. Der Herr verzögert nicht die Verheißung, wie es einige für eine Verzögerung halten, sondern er ist langmütig euch gegenüber, da er nicht will, daß irgendwelche verloren gehen, sondern daß alle zur Buße kommen. Es wird aber der Tag des Herrn kommen wie ein Dieb; an ihm werden die Himmel mit gewaltigem Geräusch vergehen, die Elemente aber werden im Brand aufgelöst und die Erde und die Werke auf ihr im Gericht erfunden werden. Da dies alles so aufgelöst wird, was für Leute müßt ihr dann sein in heiligem Wandel und Gottseligkeit, indem ihr die Ankunft des Tages Gottes erwartet und beschleunigt, um dessentwillen die Himmel in Feuer geraten und aufgelöst und die Elemente im Brand zerschmelzen werden. Wir erwarten aber nach seiner Verheißung neue Himmel und eine neue Erde, in denen Gerechtigkeit wohnt."

In diesem Kapitel lesen wir von Spöttern, die in den letzten Tagen aufstehen werden, und die die Wahrscheinlichkeit der Wiederkunft Christi anzweifeln. Welchen Aspekt seines Kommens meinen sie?

Beziehen sie sich auf die Entrückung? Nein. Sie wissen darüber wahrscheinlich gar nichts. Meinen sie die Wiederkunft Christi zur Herrschaft? Nein. Offensichtlich nicht. Der Zusammenhang legt nahe, daß sie das letzte Gericht über alle Sünder, das durch den Herrn ergehen wird, in Zweifel ziehen. Sie meinen das letzte Gericht Gottes über die Erde, oder was sie als „Ende der Welt" bezeichnen. Ihre Argumentation lautet, daß man sich keinerlei Sorgen machen müsse. Gott hat in der Vergangenheit nicht eingegriffen, und er wird es auch in Zukunft nicht tun. So können sie fortfahren mit ihren bösen Worten und schlechten Taten.

Der Apostel Petrus beantwortet ihren Spott, indem er auf einen Zeitpunkt *nach dem Tausendjährigen Reich Christi* verweist, an dem die Himmel und die Erde, wie wir sie kennen, endgültig zerstört werden. Dieser Höhepunkt des Kommens Christi wird *nach* dem Tausendjährigen Reich und vor dem Beginn der Ewigkeit liegen.

„Doch“, mag mancher fragen, „woher weiß man, daß die erste und die dritte Phase, nämlich die Entrükkung und die Offenbarung, zu unterschiedlichen Zeiten stattfinden?“ Die Antwort lautet, daß sie in der Schrift auf folgende Weise unterschieden werden:

Die Entrückung	*Die Offenbarung*
1. Christus kommt in die Luft (1Thes 4,16-17).	1. Er kommt auf die Erde (Sach 14,4).
2. Er kommt für seine Heiligen (1Thes 4,16-17).	2. Er kommt mit seinen Heiligen (1Thes 3,13; Jud 14).
3. Die Entrückung ist ein Geheimnis, d. h. eine Tatsache, die zur Zeit des Alten Testamentes unbekannt war (1Kor 15,51).	3. Die Offenbarung seiner Wiederkunft ist kein Geheimnis, sie wird in vielen alttestamentlichen Prophezeiungen erwähnt (Ps 72; Jes 11; Sach 14).
4. Christi Kommen *für* seine Heiligen ist an keiner Stelle von Zeichen am Himmel begleitet.	4. Christi Kommen *mit* seinen Heiligen wird von Zeichen am Himmel begleitet sein (Mt 24,29-30).
5. Die Entrückung wird mit dem Tag Christi gleichgesetzt (1Kor 1,8; 2Kor 1,14; Phil 1,6.10).	5. Die Offenbarung wird mit dem Tag des Herrn gleichgesetzt (2Thes 2,1-12).
6. Die Entrückung wird als Segen dargestellt (1Thes 4,18).	6. Bei der Offenbarung liegt die Betonung auf dem Gericht (2Thess 2,8-12).
7. Die Entrückung findet in einem Moment, in einem Augenblick statt (1Kor 15,52). Dies legt nahe, daß die Welt dies nicht bemerken wird.	7. Die Offenbarung wird weltweit sichtbar sein, eventuell durch Satellitenübertragung (Mt 24,27; Offb 1,7).

8. Die Entrückung scheint in erster Linie die Gemeinde zu betreffen (Joh 14,1-4; 1Kor 15,51-58; 1Thess 4,13-18).	8. Die Offenbarung betrifft hauptsächlich Israel, und auch die heidnischen Nationen (Mt 24 - 25).
9. Christus kommt als der helle Morgenstern (Offb 22,16).	9. Christus kommt als Sonne der Gerechtigkeit mit Heilung unter ihren Flügeln (Mal 3,20).

Kapitel 22

Der Tag des Herrn, der Tag Christi und der Tag Gottes

Wir sollten nun schon gemerkt haben, wie wichtig es ist, beim Bibelstudium die richtigen Unterscheidungen zu treffen. Wenn wir uns nun weiter dem Studium der zukünftigen Ereignisse widmen, dann haben wir ganz klar einen Vorsprung, wenn wir den Tag *des Herrn*, den Tag *Christi* und den Tag *Gottes* unterscheiden können.

Der Tag des Herrn

Dieser Tag ist ganz sicher kein 24-Stunden-Tag, sondern ein Zeitraum mit bestimmten Eigenschaften. Im Alten Testament wurde der Begriff „Tag des Herrn“ benutzt, um Gerichtszeiten und Zeiten der Finsternis und der Verwüstung zu beschreiben (Jes 2,12; Joe 2,1.2). Es war die Zeit, wenn Gott sich gegen die Feinde Israels aufmachte und sie bestrafte (Zeph 3,8-12; Joe 3,14-16; Ob 15-16; Sach 12,8.9). Mit „Tag des Herrn“ wurde auch jede Zeit bezeichnet, in der Gott sein eigenes Volk für ihren Götzendienst und ihre Lauheit bestrafte (Joe 1,15-20; Am 5,18; Zeph 1,7-18). Der Tag des Herrn war in der Hauptsache ein Gericht über die Sünde und ein Sieg für die Sache des Herrn (Joe 2,31.32).

Im Neuen Testament steht der Ausdruck „Tag des Herrn“ für etwa den gleichen Zeitraum wie der Ausdruck „Zeiten und Zeitpunkte“ (Apg 1,7; 1Thes 5,1).

Der Tag des Herrn beginnt nach der Entrückung und umfaßt:

1. *Die Trübsal* (Dan 9,27; Jer 30,7; Mt 24,4-28; 1Thes 5,1-11; 2Thes 2,2; Offb 6,1 - 19,16). Dies ist der erste Teil des Tages des Herrn. Er wird unerwartet kommen, wie ein Dieb in der Nacht. Er wird auch plötzlich, voller Zerstörung, unabwendbar und unausweichlich kommen. Es handelt sich um eine Zeit von etwa sieben Jahren, während der Gott sein Gericht über das abgefallene Judentum, das abgefallene Christentum und die heidnischen Nationen ausgießen wird. Diese immer schrecklicher werdenden Gerichte werden in der Offenbarung durch die Symbole der sieben Siegel, der sieben Posaunen und der sieben Zornesschalen dargestellt. Die zweite Hälfte der Trübsal ist auch als die *Große Trübsal* bekannt. Es wird die schlimmste Gerichtszeit sein, die die Welt je mitgemacht hat oder mitmachen wird.

2. *Das Kommen Christi mit seinen Heiligen* (Mal 3,19-21; 2Thes 1,7-9). Gegen Ende der Trübsal wird der Herr Jesus mit seinen Engeln „in flammendem Feuer" auf die Erde zurückkehren. Dabei übt er an denen Vergeltung, die Gott nicht kennen, und an denen, die „dem Evangelium unseres Herrn Jesus nicht gehorchen" (2Thes 1,8). Er wird alle seine Feinde vernichten, ehe er sein Reich auf Erden errichtet.

3. *Die Tausendjährige Herrschaft Christi*. Diese gehört zum Tag des Herrn (Joe 3,18, vergl. V. 14; Sach 14,8.9, vergl. V. 1). Es wird eine Gerichtszeit für jeden sein, der sich gegen den Herrn auflehnt (Jes 65,17-25). Der König wird mit eisernem Stab regieren (Offb 19,15).

4. *Die endgültige Vernichtung des Himmels und der Erde im Feuer* (2Petr 3,7.10). Gegen Ende der Tausendjährigen Herrschaft Christi werden die Erde und der Himmel mit großem Getöse vernichtet, und die Elemente werden vor Hitze schmelzen. Das ist der Abschluß des Tages des Herrn.

Der Tag Christi

Während der Tag des Herrn eine Zeit des Gerichtes über eine Welt ist, die den Sohn Gottes abgelehnt hat, ist der Tag Christi eine Zeit des Segens für diejenigen, die auf ihn vertraut haben, und die so zu Gliedern seiner Gemeinde geworden sind. Der Tag Christi ist mit dem Tag des Herrn Jesus, dem Tag Jesu Christi und dem Tag unseres Herrn Jesu Christi identisch. Es gibt zwei Hauptereignisse dieses Tages:

1. *Die Entrückung der Heiligen* (1Kor 5,5; Phil 1,6.10). Die Toten in Christus werden auferweckt, während die noch lebenden Gläubigen verwandelt werden. Zusammen werden sie hinaufgenommen, um den Herrn in der Luft zu treffen und mit ihm in das Vaterhaus im Himmel heimzukehren.

2. *Der Richterstuhl Christi* (1Kor 1,8; 2Kor 1,14; Phil 2,16). Die Gläubigen werden vor dem dem Richterstuhl *(Bema)* erscheinen, damit dort ihr Leben geprüft und sie dafür belohnt werden. Es wird nicht um ihre Errettung, sondern um ihren Dienst gehen. Alles, was Christus gefällt, wird belohnt werden. Diejenigen, die ihr Leben verschwendet haben, werden Verlust erleiden, doch sie selbst werden errettet werden, aber „wie durchs Feuer“ (1Kor 3,15).

Durch eine unglückliche Textwahl der traditionellen

Lutherübersetzung (1912) erscheint in 2. Thessalonicher 2,2 der Ausdruck „Tag Christi“, während die meisten Ausleger der Ansicht sind, daß die Lesart „der Tag des Herrn“ richtig ist. Wegen der schlimmen Verfolgungen glaubten die Thessalonicher, daß das Gericht des Tages des Herrn schon begonnen habe. Paulus versichert ihnen, daß zwei Ereignisse dem Tag des Herrn vorhergehen werden - ein weltweiter Abfall (Apostasie) vom Glauben, und die Offenbarung des Menschen der Sünde - dem Antichrist.

Die Thessalonicher hätten keinen Grund gehabt, den *Tag Christi* zu fürchten. Für sie hätte das nichts anderes bedeutet, als für immer von allen Verfolgungen erlöst zu sein.

Der Tag Gottes

Der Tag Gottes darf nicht mit dem Tag des Herrn oder dem Tag Christi verwechselt werden. Es ist der Tag des endgültigen Sieges Gottes. Er wird stattfinden, wenn alles Böse für immer hinweggetan ist und nachdem Erde und Himmel im Feuer zerstört worden sind (2Petr 3,12). Der Tag Gottes ist praktisch mit der Ewigkeit gleichzusetzen.

Kapitel 23

Aspekte der Herrlichkeit Christi

Wenn wir von der Herrlichkeit Christi sprechen, dann meinen wir damit seine überragende Vorzüglichkeit, ob es um seine Person, seine Stellung oder sein Werk geht. Der Ausdruck kann sich auf seine moralische und geistliche Vollkommenheit beziehen, die wir mit den Augen des Glaubens durch das Wort Gottes sehen. Es kann aber auch seine gegenwärtige leibliche Herrlichkeit im Himmel bedeuten oder auch seine Herrlichkeit zu der Zeit, wenn er als König der Könige und Herr der Herren auf die Erde zurückkehren wird.

Es ist unmöglich, alle Aspekte der Herrlichkeit des Herrn Jesus aufzuzählen. Sie übersteigen jegliches menschliche Vokabular. In diesem Kapitel beschränken wir uns auf sieben Aspekte seiner Herrlichkeit, wie wir sie in der Heiligen Schrift finden.

Seine ursprüngliche, persönliche Herrlichkeit als Sohn Gottes

Dieser Ausdruck bezieht sich auf die Herrlichkeit und Vollkommenheit der Gottheit Christi. Es handelt sich um eine Herrlichkeit, die ewig und ihm unmittelbar zu eigen ist. Christus ist nicht weniger als die Ausstrahlung der Herrlichkeit Gottes (Hebr 1,3). Der Herr Jesus konnte sich dieser Herrlichkeit nicht entledigen oder sie ablegen. Sie gehört unmittelbar zu seinem Wesen. Dazu gehören alle seine wunderbaren Eigenschaften und Tugenden. Als er auf die Erde kam, *verhüllte er diese Herrlichkeit* in einem Leib aus Fleisch und Blut, doch sie war immer da und wurde gelegentlich auch sichtbar, etwa bei der Verklärung (Mt 17,1-8; Mk 9,1-8; Lk 9,28-36).

Die Herrlichkeit seiner Stellung im Himmel

Vor aller Ewigkeit hatte der Herr Jesus eine Stellung unbeschreiblicher Ehre und Herrlichkeit inne. Er war die tägliche Freude seines Vaters und wurde von den Engeln angebetet. Doch als die Erlösung der Menschheit auf dem Spiel stand, war er nicht der Meinung, sich diese Position um jeden Preis erhalten zu müssen. Statt dessen *entleerte er sich selbst* von ihr (Phil 2,7, wörtl. Übers.), nahm Knechtsgestalt an und wurde Mensch. Zweifellos dachte Charles Wesley an diese stellungsmäßige Herrlichkeit, als er dichtete: „Milde legt er seine Herrlichkeit ab, wird geboren, damit der Mensch nicht mehr sterben muß." (In seinem im angelsächsischen Raum vielgeliebten Lied „Hark the Herald Angels sing".)

Es ist besonders wichtig zu erkennen, daß sich die Entäußerung des Heilands nur auf seine *Stellung* im Himmel bezieht, nicht aber auf seine *Person*. Ein Prinz kann den Palast verlassen und in der Wildnis leben, doch kann er seine Stellung als Prinz niemals verlieren.

In Johannes 17,5 betete der Heiland: „Und nun verherrliche du, Vater, mich bei dir selbst mit der Herrlichkeit, die ich bei dir hatte, ehe die Welt war." Mit anderen Worten, er bat um die Wiederherstellung der Herrlichkeit seiner Stellung, die er hatte, als er beim Vater war, aber ablegte, als er auf die Erde kam.

Die Herrlichkeit seines Lebens auf Erden als Menschensohn

Als Mensch auf der Erde zeigte der Herr Jesus seine Herrlichkeit in seinen Wundern. Deshalb lesen wir: „Diesen Anfang der Zeichen machte Jesus zu Kana in Galiläa und offenbarte seine Herrlichkeit" (Joh 2,11a). Seine Herrlichkeit bestand auch darin, daß sein Charakter vollkommen war. Er *kannte* keine Sünde, er *tat* keine Sünde, und in ihm *war* keine Sünde (2Kor 5,21; 1Petr 2,22; 1Jo 3,5). Er war moralisch so vollkommen, daß er nichts aus Eigenwillen tun konnte. Er konnte nur das tun, was sein Vater ihm auftrug (Joh 5,19),[9] und er konnte nur die Worte sprechen, die ihm sein Vater auftrug (Joh 13,50; 17.8). Pilatus mußte zugeben, daß er an ihm keine Schuld finden konnte (Lk 23,14.22; Joh 18.38; 19,4.6). Die Entscheidung des Herodes lautete, daß Christus nichts getan hatte, was den Tod verdient hätte (Lk 23,25). Der sterbende Dieb bezeugte, daß Jesus nichts Falsches getan hatte (Lk 23,41). Sogar Judas bekannte, daß er „unschuldiges" Blut verraten hatte (Mt 27,4). Der Heiland war nicht nur herrlich in seiner Sündlosigkeit, sondern auch in seinen Reden. Das Volk von Nazareth wunderte „sich über die Worte der Gnade, die aus seinem Mund hervorgingen" (Lk 4,22). Als Soldaten auszogen, um ihn festzunehmen, mußten sie bekennen: „Niemals hat ein Mensch so geredet wie dieser Mensch" (Joh 7,46). Er war herrlich in seiner vollkommenen Menschlichkeit. Dies nennt man auch die moralische Herrlichkeit unseres Herrn Jesus Christus.

Seine erworbenen Herrlichkeiten

Wäre unser Herr im Himmel geblieben, hätte er niemals unser Erlöser werden können. Doch durch seinen Tod am Kreuz und seine Auferstehung *wurde er vollkommen* als *Erlöser*. Deshalb lesen wir:

„Denn es geziemte ihm, um dessentwillen alle Dinge und durch den alle Dinge sind, indem er viele Söhne zur Herrlichkeit führte, den Urheber ihrer Errettung durch Leiden vollkommen zu machen" (Hebr 2,10).

„Und vollendet, ist er allen, die ihm gehorchen, der Urheber ewigen Heils geworden" (Hebr 5,9).

Aus der Bibel geht eindeutig hervor, daß er *als Person* nicht vollkommen gemacht werden konnte. Er war in dieser Hinsicht schon immer vollkommen. Aber er konnte als Heiland vollkommen werden, was er auch tat.

Der Herr spielte auf diese erworbene Herrlichkeit an, als er angesichts Golgatha sagte:

„Die Stunde ist gekommen, daß der Sohn des Menschen verherrlicht werde" (Joh 12,23b).

Zusätzlich zu seiner angenommenen Herrlichkeit als der vollkommene Erlöser verdiente sich Jesus noch andere Ehren durch seine Menschwerdung und durch sein Opferleiden. Wäre er nicht Mensch geworden, hätte er niemals der Messias sein können, weil Christus ein Nachkomme Davids sein mußte. Ohne Golgatha hätte er niemals Hoherpriester, Anwalt, Mittler, Fürbitter, Befreier, Guter Hirte, Erbe aller Dinge, König, Richter oder Haupt der Gemeinde werden können. Er hätte niemals den Namen erhalten, der über alle Namen ist, oder wäre niemals der erstgeborene Sohn Gottes oder der Erstgeborene aus den Toten geworden. Alle Titel, die Frucht seines Todes und seiner Auferstehung sind, sind *erworbene* Herrlichkeiten.

Eine andere erworbene Herrlichkeit erwähnt der Herr Jesus in Johannes 17,10:

„Alles, was mein ist, ist dein, und was dein ist, mein -, und ich bin in ihnen verherrlicht."

Daß er in seinen Heiligen verherrlicht werden sollte, konnte nur als Ergebnis seines Werkes auf Golgatha geschehen.

In 2. Thessalonicher 1,10a verbindet Paulus diese Tatsache auf besondere Weise mit der Wiederkunft des Herrn:

„Wenn er kommt, um an jenem Tag in seinen Heiligen verherrlicht und in allen denen bewundert zu werden, die geglaubt haben ..."

Die Herrlichkeit seiner Auferstehung und Himmelfahrt

In Johannes 17,1 spricht unser Herr wieder einmal so, als ob Golgatha schon hinter ihm läge. Er betet, daß der Vater ihn verherrliche, d. h. daß er ihn von den Toten auferwecken möge, damit wiederum der Sohn seinerseits den Vater verherrliche.

Wir haben einen ähnlichen Abschnitt in Johannes 13,31.32:

„Als er nun hinausgegangen war, spricht Jesus: Jetzt ist der Sohn des Menschen verherrlicht, und Gott ist verherrlicht in ihm. Wenn Gott verherrlicht ist in ihm, so wird auch Gott ihn verherrlichen in sich selbst, und er wird ihn sogleich verherrlichen."

Er sprach von seinem Tod als von einem Mittel zu seiner eigenen Verherrlichung und daß er durch diesen Tod auch seinen Vater sehr verherrlichen würde. Um

Vers 32 zu umschreiben: Weil Gott durch das Werk Christi am Kreuz verherrlicht wird, würde Gott ihn verherrlichen, nämlich durch die Auferweckung von den Toten, und zwar bald. Dies genau geschah: Gott erweckte den Herrn Jesus am dritten Tage auf.

Hier noch einige zusätzliche Verse, die die Herrlichkeit seiner Auferstehung und Himmelfahrt erwähnen:

„Mußte nicht der Christus dies leiden und in seine Herrlichkeit eingehen“ (Lk 24,26)?

„Dies aber sagte er von dem Geist, den die empfangen sollten, die an ihn glaubten; denn noch war der Geist nicht da, weil Jesus noch nicht verherrlicht worden war“ (Joh 7,39).

„Dies verstanden seine Jünger zuerst nicht; jedoch als Jesus verherrlicht war, da erinnerten sie sich, daß dies von ihm geschrieben war und sie ihm dies getan hatten“ (Joh 12,16).

„Der Gott Abrahams und Isaaks und Jakobs, der Gott unserer Väter, hat seinen Knecht Jesus verherrlicht, den ihr überliefert und vor Pilatus verleugnet habt, als dieser geurteilt hatte, ihn loszugeben“ (Apg 3,13).

„Aufgenommen in Herrlichkeit“ (1Tim 3,16).

„Die ihr durch ihn an Gott glaubt, der ihn aus den Toten auferweckt und ihm Herrlichkeit gegeben hat“ (1Petr 1,21).

Die Herrlichkeit seiner Auferstehung und Himmelfahrt verbindet sich mit seiner ewigen Herrlichkeit im Himmel. Sie sind voneinander nicht zu trennen.

Die Herrlichkeit seiner Wiederkunft und Herrschaft

Diese Herrlichkeit wird im Neuen Testament häufiger erwähnt als jede andere. Der Menschensohn wird auf den Wolken des Himmels mit großer Macht und Herrlichkeit kommen (Mt 24,30). An diesem Tag wird er in seinen Heiligen verherrlicht und in allen Gläubigen bewundert werden (2Thes 1,10). Wenn er auf seinem Thron der Herrlichkeit sitzen wird, wird er die Apostel belohnen - und alle seine Jünger - (Mt 19,28), und die Völker richten (Mt 25,31-33). Er wird sich derer schämen, die sich seiner und seiner Worte geschämt haben, wenn er in seiner Herrlichkeit kommen wird (Lk 9,26). Jakobus und Johannes baten törichterweise darum, zu Christi Rechten und Linken zu sitzen, wenn sein herrliches zukünftiges Reich kommen würde (Mk 10,37). Diejenigen, die jetzt an den Leiden Christi teilhaben, werden sich mit Frohlocken freuen, wenn seine Herrlichkeit im Tausendjährigen Reich offenbart wird (1Petr 4,13).

Die Verklärung Christi gab eine Vorschau auf den Messias in seiner Herrlichkeit als König der Könige und Herrn der Herren. Petrus, Jakobus und Johannes sahen auf dem heiligen Berg seine Herrlichkeit.

„Und wir haben seine Herrlichkeit angeschaut, eine Herrlichkeit als eines Eingeborenen vom Vater, voller Gnade und Wahrheit“ (Joh 1,14b).[10]

„Petrus aber und die mit ihm waren, als sie aber völlig aufgewacht waren, sahen sie seine Herrlichkeit und die zwei Männer, die bei ihm standen“ (Lk 9,32).

Petrus bezog sich später auf die Verklärung und erklärte, daß sie sich auf seine Macht und Ankunft bezogen habe, d. h. das Kommen unseres Herrn Jesus Christus in Macht und Herrlichkeit (2Petr 1,16).

Eine andere Erwähnung der Herrlichkeit Christi in seinem Reich findet sich in Johannes 17,22. Dort sagt unser großer Hoherpriester:

„Und die Herrlichkeit, die du mir gegeben hast, habe ich ihnen gegeben, daß sie eins seien, wie wir eins sind.“

Er weist hier auf seine Herrschaft über die Erde hin, als wenn es sich um die Gegenwart handele. Weil seine Heiligen mit ihm für 1000 Jahre regieren werden (Offb 20,4c), werden sie in einem ganz realen Sinne während dieser Zeit seine Herrlichkeit teilen. Gegenwärtig erkennt die Welt weder das Volk Gottes noch schätzt sie es. Deshalb lesen wir:

„Deswegen erkennt uns die Welt nicht, weil sie ihn nicht erkannt hat“ (1Jo 3,1b).

Doch wenn er in seiner Herrlichkeit kommen wird, dann wird auch die Herrlichkeit der Gläubigen sichtbar:

„Wenn der Christus, unser Leben, geoffenbart werden wird, dann werdet auch ihr mit ihm geoffenbart werden in Herrlichkeit“ (Kol 3,4).

„Geliebte, jetzt sind wir Kinder Gottes, und es ist noch nicht offenbar geworden, was wir sein werden; wir wissen, daß wir, wenn es offenbar werden wird, ihm gleich sein werden, denn wir werden ihn sehen, wie er ist“ (1Jo 3,2).

Dann wird die Welt die Einheit zwischen dem Herrn Jesus und seinen Nachfolgern erkennen und wird wissen, daß der Vater den Sohn gesandt hat und daß Gott die Heiligen so liebt, wie er seinen Sohn liebt.

Wir teilen seine Herrlichkeit als Söhne und Töchter Gottes, als seine Brüder und Schwestern und als Miterben. Wir werden mit ihm in der Himmelswelt weilen, und werden eines Tages mit ihm über die Erde regieren und die Welt richten. Er hat uns zu einem Königtum von Priestern für Gott gemacht. Sein Name wird auf unseren Stirnen stehen.

Seine gegenwärtige Herrlichkeit im Himmel

Das Verlangen des Herrn Jesus, wie er es in Johannes 17,24 ausdrückt, besteht darin, daß diejenigen, die ihn lieben, mit ihm im Himmel sein sollen, so daß sie seine Herrlichkeit schauen können.

Durch den Glauben sehen wir ihn dort schon mit Herrlichkeit und Ehre gekrönt:

„Wir sehen aber Jesus, der kurze Zeit unter die Engel erniedrigt war, wegen des Todesleidens mit Herrlichkeit und Ehre gekrönt, damit er durch Gottes Gnade für jeden den Tod schmeckte" (Hebr 2,9).

Seine gegenwärtige Herrlichkeit im Himmel ist das, was Petrus seine ewige Herrlichkeit nennt:

„Der Gott aller Gnade aber, der euch berufen hat zu seiner ewigen Herrlichkeit in Christus, er selbst wird euch, die ihr eine kurze Zeit gelitten habt, vollkommen machen, befestigen, kräftigen, gründen" (1Petr 5,10).

Dennoch ist diese Herrlichkeit in gewisser Hinsicht von der Herrlichkeit verschieden, die er hatte, ehe er auf die Erde kam. Er weilt im Himmel nun als *verherrlichter Mensch* zusätzlich zur Herrlichkeit seiner Gottheit.

Seine gegenwärtige Herrlichkeit ist eine Verbindung all seiner Herrlichkeiten, ob sie ihm nun schon immer zu eigen waren oder ob er sie erworben hat. Es handelt sich um die Herrlichkeit seiner Gottheit, seiner Menschheit, seiner Eigenschaften, seiner Ämter und seines Charakters. Wir sind nicht berufen, sie zu teilen, sondern uns an ihnen zu freuen und ihn für immer dafür zu loben.

Kapitel 24

Geheimnisse der Schrift

Das Neue Testament stellt uns eine ganze Reihe von Geheimnissen vor. Die Gefahr besteht nicht so sehr darin, sie zu verwechseln, sondern sie nicht zu verstehen. Wir werden deshalb dieses Kapitel einer kurzen Zusammenfassung der Bedeutung der einzelnen Geheimnisse widmen.

Definition

Ein *Geheimnis* ist eine Wahrheit, die niemals vorher offenbart wurde, die der Mensch mit seinem Verstand nicht entdecken konnte und die nun den Menschen durch Gott offenbart worden ist.

Die Geheimnisse des Reiches der Himmel (Mt 13,3-50)

In Matthäus 13,11 lesen wir von den „Geheimnissen des Reiches der Himmel“. Sie werden in diesem Kapitel in Form von sieben Gleichnissen beschrieben.

In den ersten Kapiteln des Matthäusevangeliums sehen wir, wie der Herr Jesus sich dem Volk Israel als der Messias-König vorstellt. Doch in Kapitel 12 lehnen ihn die religiösen Leiter ab, indem sie ihn anklagen, seine Wunder in der Macht Beelzebubs (des Teufels) zu tun. Weil der König hier abgelehnt wird, nimmt das Reich eine neue Form an. Diese wiederum finden wir in Matthäus 13. Diese sieben Gleichnisse geben eine Beschreibung des Reiches in seiner *Zwischenform* -

während der Zeit zwischen der Ablehnung des Königs und seiner Wiederkunft zur Herrschaft über die Erde. Der König ist abwesend, doch sein Reich findet sich überall dort, wo Menschen bekennen, seine Untertanen zu sein. Es gibt bloßes Bekenntnis und echten Glauben. Bei der Zwischenform handelt es sich natürlich um die Zeit, in der wir jetzt leben.

Gegen Ende der Zwischenzeit wird der Weizen vom Unkraut getrennt werden, die echten Gläubigen von den falschen. Die echten Untertanen des Königs werden die Segnungen seines Tausendjährigen Reiches genießen, die falschen werden vernichtet.

Das Geheimnis der Blindheit Israels (Röm 11,25)

Als Israel den König ablehnte, hat Gott ein Gericht der Blindheit über das jüdische Volk verhängt. Das erklärt zum Teil die große Schwierigkeit, die Juden haben, Jesus als ihren Messias anzunehmen, und die relativ kleine Anzahl, die errettet wird. Doch diese Blindheit ist weder völlig noch endgültig. Immer mehr Juden (insbesondere in den Ländern, in denen sie gut behandelt werden) kommen zu der Erkenntnis, daß Jesus der Eine ist, von dem die Propheten gesprochen haben. Und die Blindheit wird nur dauern, bis die „Fülle der Heiden" gekommen ist, das heißt, bis der Herr seine größtenteils aus den Nationen kommende Braut heimführt, damit sie bei ihm sei. Dann wird sich ein gläubiger Überrest Israels Christus zuwenden.

Das Geheimnis der Entrückung (1Kor 15,51.52)

Bis zum heutigen Tag glaubt man allgemein, daß jeder früher oder später einmal sterben wird. Doch Paulus kündigt die aufregende Tatsache an, daß nicht alle Gläubigen sterben werden. Diejenigen, die zur Zeit der Entrückung noch leben, werden in den Himmel kommen, ohne zu sterben. Sie werden verwandelt werden - d. h., sie werden verherrlichte Leiber erhalten - und sie werden nie den Tod erleiden müssen. Diejenigen, die in Christus gestorben sind, werden auferstehen und mit den lebenden Heiligen in den Himmel geholt. Weitere Details zu diesem Vorgang stehen in 1. Thessalonicher 4,13-18.

Das Geheimnis der Gemeinde (Röm 16,25; Eph 3,4.5)

Die Lehre über die Gemeinde stand schon vor der Schöpfung fest (Röm 16,25), doch wurde sie erst den Aposteln und neutestamentlichen Propheten offenbart (Eph 3,5). Das Geheimnis umfaßt solche wichtigen Einzelheiten wie:

1. Christus als Haupt (Kol 1,18).
2. Alle Gläubigen als Glieder (1Kor 12,13).
3. Die Tatsache, daß die gläubigen Heiden mit den gläubigen Juden gleichen Anteil haben, daß Christus auch ihre Hoffnung der Herrlichkeit ist und daß die alte Feindschaft zwischen Juden und Heiden in Christus aufgehoben ist (Eph 3,6; Kol 1,26.27; Eph 2,14.15).
4. Die Gemeinde als Leib Christi (1Kor 12,12-13).
5. Die Gemeinde als Braut Christi (Eph 5,25-27.31.32).
6. Die Gemeinde als Darstellung der mannigfaltigen Weisheit Gottes vor den Gewalten und Mächten in der Himmelswelt (Eph 3,10).
7. Gottes Vorhaben, Christus zum Haupt eines erlö-

sten Universums zu machen (Eph 1,9.10), wobei die Gemeinde als seine Braut regiert und seine Herrlichkeit für immer teilt.

„Dieses Geheimnis unter den Heiden" in Kolosser 1,27 wird definiert als „Christus in euch, die Hoffnung der Herrlichkeit". Das ist dasselbe Geheimnis wie die Gemeinde. Dabei wird betont, daß Christus die Hoffnung der Herrlichkeit sowohl für die gläubigen Heiden als auch für die gläubigen Juden ist - alle haben jetzt dieselbe Stellung vor Gott in Christus.

In Kolosser 2,2 wird Christus als Geheimnis Gottes bezeichnet. Wir verstehen darunter den geheimnisvollen Leib Christi, bei dem Christus selbst das Haupt bildet und alle Gläubigen den Leib.

Andere Abschnitte, die sich auf das Geheimnis der Gemeinde beziehen, sind Epheser 6,9 und Kolosser 4,3. In gewissem Sinne ist dieses Geheimnis der Gemeinde der Schlußstein der biblischen Offenbarung. Der Apostel Paulus erfüllte das Wort Gottes, als er diese Wahrheit weitergab (Kol 1,25). Dieses Geheimnis war nicht in chronologischer Hinsicht der letzte Teil der Bibel, der geschrieben wurde, doch soweit es um die Offenbarung neuer Wahrheiten ging, handelte es sich um den Höhepunkt.

Das Geheimnis der Gesetzlosigkeit (2Thes 2,7.8)

Die einzige Erwähnung des „Geheimnisses der Gesetzlosigkeit" finden wir in 2. Thessalonicher 2,7.8. Hier sagt Paulus, daß „das Geheimnis der Gesetzlosigkeit" schon „wirksam" sei und es sich „nicht ... offenbart ..., bis der, welcher jetzt zurückhält, aus dem Weg ist; und dann wird der Gesetzlose geoffenbart werden

...". Sogar in der ganz frühen Gemeinde war der Geist der Gesetzlosigkeit schon am Werk. Es gab viele Antichristen. Doch die volle Entfaltung der Gesetzlosigkeit wurde durch eine hier nicht näher genannte Person aufgehalten (wir glauben daß es sich dabei um den Heiligen Geist handelt). Wenn diese Person, die hier noch Schlimmeres zurückhält, nicht mehr anwesend sein wird (bei der Entrückung wird der Heilige Geist von der Erde weggenommen, in dem Sinn, daß er danach nicht mehr ständig auf der Erde in der Gemeinde wohnt), dann wird der Gesetzlose, der Antichrist, auf die Bühne der Weltgeschichte treten. Er wird die höchste Verkörperung der Sünde und der Gesetzlosigkeit sein. Die Welt wird niemals eine solche Konzentration an Bosheit in einem menschlichen Wesen gesehen haben.

Das Geheimnis des Glaubens (1Tim 3,9)

Der Ausdruck „Geheimnis des Glaubens" bezieht sich auf die gesamte christliche Lehre oder das, was wir als christlichen Glauben bezeichnen. Er wird Geheimnis genannt, weil viele seiner Wahrheiten zur Zeit des Alten Testaments völlig unbekannt waren.

Das Geheimnis der Gottseligkeit (1Tim 3,16)

In 1. Timotheus 3,16 lesen wir:

„Und anerkannt groß ist das Geheimnis der Gottseligkeit:

Der geoffenbart worden ist im Fleisch,
gerechtfertigt im Geist,
gesehen von den Engeln,
gepredigt unter den Nationen,

geglaubt in der Welt,
aufgenommen in Herrlichkeit."

Die Person der Gottheit, die hier beschrieben wird, kann nur einer sein - unser Herr Jesus Christus. Ehe Christus in die Welt kam, hat niemand die vollkommene Gottseligkeit an einem Menschen gesehen. Doch der Herr Jesus kam und gab eine praktische Demonstration dafür, wie ein absolut gottseliger Mensch lebt.

Wenn Paulus sagt, daß das Geheimnis der Gottseligkeit „groß" (gr. *mega*) ist, dann meint er damit nicht, daß es besonders geheimnisvoll wäre, sondern daß die Lehre über die Person Christi wunderbar und erstaunlich ist.

Das Geheimnis der Gottseligkeit steht im Kontrast zum Geheimnis der Gesetzlosigkeit. Das erste zeigt einen Menschen, der vollkommene Frömmigkeit verkörpert. Das zweite zeigt die lebendige Verkörperung der Sünde. Es handelt sich um den krassen Gegensatz zwischen Christus und Antichrist.

Das Geheimnis der sieben Sterne (Offb 1,20)

Dieses Geheimnis ist ganz klar umrissen. Die sieben Sterne in der Vision des Johannes sind die Engel (oder Boten - das Wort kann auf beide Arten übersetzt werden) der sieben Gemeinden Kleinasiens. Die sieben goldenen Leuchter sind die sieben Gemeinden. In den nächsten zwei Kapiteln richtet der Herr Briefe an die Engel der sieben Gemeinden. Diese Briefe können auf dreierlei Weise verstanden werden.

1. Es waren sieben wirkliche Briefe an sieben wirkliche, historische Gemeinden, die zur Zeit des Johannes existierten. Fast alle Ausleger akzeptieren diese Aussage.

2. Sie beschreiben Zustände, wie sie in der weltweiten Gemeinde zu jeder Zeit in ihrer Geschichte zu finden sind. Das scheint den meisten Auslegern ebenfalls eine eindeutige Anwendung dieser Briefe zu sein.

3. Sie geben eine chronologische Vorschau auf die Bedingungen in der bekennenden Gemeinde von den Tagen der Apostel bis zum Ende des Zeitalters der Gemeinde. Nicht alle Ausleger unterstützen diese Auslegung, doch die Parallelen sind bemerkenswert.

Das Geheimnis Gottes (Offb 10,7)

Wenn die siebte Posaune von Offenbarung 10 erschallt, wird das Geheimnis Gottes erfüllt sein. Das Blasen der siebten Posaune wird von lauten Stimmen im Himmel begleitet, die sagen: „Das Reich der Welt unseres Herrn und seines Christus ist gekommen, und er wird herrschen in alle Ewigkeit“ (Offb 11,15). Von daher wissen wir, daß die siebte Posaune am Ende der Großen Trübsal erschallt, wenn Christus auf die Erde zurückkehrt, um zu regieren (Offb 11,17). Zu dieser Zeit werden die treuen Heiligen aus der Trübsal belohnt werden, und seine Feinde werden vernichtet (V. 18).

Das Geheimnis Gottes wird dann erfüllt sein. Das Böse, das so beständig und scheinbar siegreich war, wird endgültig vernichtet. Gottes scheinbare Gleichgültigkeit gegenüber der Bosheit des Menschen und seine scheinbare Tatenlosigkeit wird ein Ende haben. Wie W. A. Criswell sagt: „Das Zögern unseres Herrn, sein Reich einzunehmen und Gerechtigkeit auf Erden zu errichten, wird vorbei sein.“ F. W. Grant hat es so ausgedrückt: „Das Geheimnis Gottes wird für immer vollendet sein, die Herrlichkeit Gottes wird wie die Sonne leuchten, der Glaube wird vollkommen gerechtfertigt sein, und das Murren des Zweifels wird für immer verstummt sein."

Das Geheimnis Babylons (Offb 17,5-7)

Babylon, die Große, wird in Offenbarung 17 als Hure dargestellt, die auf einem Tier mit sieben Häuptern und zehn Hörnern sitzt. Sie wird „Babylon, die große, die Mutter der Huren und der Greuel der Erde" genannt. Die Erklärung des Geheimnisses finden wir in den Versen 8-18. Die Frau ist eine große Stadt, die über die Könige dieser Erde regiert (V. 18). Das Tier ist ein Reich, daß einmal existiert hat, dann nicht mehr, später wiederbelebt und dann zerstört wird (V. 8). Die sieben Häupter sind die sieben Könige dieses Reiches (V. 9). Die zehn Hörner sind zehn Könige, die mit diesem Reich vereinigt werden (V. 12). Die Hure reitet für eine Weile auf dem Tier, doch wird sie dann von ihm vernichtet (V. 16). Das Reich selbst wird schließlich vom Herrn vernichtet (V. 14).

Unsere Auslegung des Geheimnisses lautet folgendermaßen: Die Frau steht für ein großes religiöses und wirtschaftliches System, dessen Hauptquartier Rom sein wird. Es wird sich um eine Weltkirche mit riesigen finanziellen Mitteln handeln. Das Tier vertritt das wiederbelebte Römische Reich in Form von zehn Königreichen, etwa in den Grenzen der Europäischen Gemeinschaft.

Nachdem der Herrscher des wiederbelebten Römischen Reiches und die zehn Könige, die seine Alliierten sind, die Weltkirche eine Zeitlang unterstützt haben, werden sie sich gegen sie wenden und sie zerstören. Weitere Einzelheiten über Babylon und ihre Vernichtung finden sich in Offenbarung 18.

Schluß

Es gibt vier weitere Erwähnungen von Geheimnissen im Neuen Testament.

In 1. Korinther 2,7 sagt Paulus, daß er und die anderen Apostel „Gottes Weisheit in einem Geheimnis“ geredet hätten. Dann erklärt er, daß er Wahrheiten meint, die den vorhergehenden Generationen verborgen waren, und die jetzt durch den Heiligen Geist geoffenbart worden sind.

Er und die anderen Apostel waren „Verwalter der Geheimnisse Gottes“ (1Kor 4,1). Auch hier wird das Wort wieder im allgemeinen Sinne benutzt und umfaßt alle neuen Lehren des christlichen Zeitalters.

Doch Paulus erinnert uns in 1. Korinther 13,2 daran, daß es nicht reicht, alle Geheimnisse zu kennen und alle Erkenntnis zu besitzen. Wenn wir die *Liebe* nicht haben, dann sind wir *nichts*.

Und schließlich erklärt Paulus in 1. Korinther 14,2, daß jemand, der in einer fremden Sprache ohne Übersetzer redet, niemandem nützt, auch wenn er über die wichtigsten Geheimnisse reden mag.

Kapitel 25

Zweifache Erfüllungen

Einige Prophezeiungen haben mehr als eine Erfüllung. Wenn wir die prophetischen Schriften studieren, dann ist dies ein hilfreicher Schlüssel zum Verständnis. Es ist nicht schwer, eine Voraussage zu finden, die eine vorläufige, teilweise Erfüllung hat, und dann später erst völlig und endgültig erfüllt wird. Wir nennen dies das „Gesetz der zweifachen Erfüllung".

Die Ausgießung des Geistes

Das klassische Beispiel ist die Prophetie Joels über die Ausgießung des Geistes Gottes:

„Und danach wird es geschehen, daß ich meinen Geist ausgießen werde über alles Fleisch. Und eure Söhne und eure Töchter werden weissagen, eure Greise werden Träume haben, eure jungen Männer werden Gesichte sehen. Und selbst über die Knechte und über die Mägde werde ich in jenen Tagen meinen Geist ausgießen. Und ich werde Wunderzeichen geben am Himmel und auf der Erde: Blut und Feuer und Rauchsäulen. Die Sonne wird sich in Finsternis verwandeln und der Mond in Blut, ehe der Tag des HERRN kommt, der große und furchtbare. Und es wird geschehen: Jeder, der den Namen des HERRN anruft, wird errettet werden. Denn auf dem Berg Zion und in Jerusalem wird Errettung sein, wie der HERR gesprochen hat, und unter den Übriggebliebenen, die der HERR berufen wird" (Joe 3,1-5).

Als der Apostel Petrus diesen Abschnitt zu Pfingsten zitierte (Apg 2,15-21), sagte er, daß es „dies ist, was durch den Propheten Joel gesagt ist". Doch er kann damit nicht gemeint haben, daß es sich um eine *vollständige* Erfüllung handelt, weil einige der Ereignisse, die Joel erwähnt, zu Pfingsten nicht stattfanden. Der Geist wurde nicht auf *alles* Fleisch ausgegossen, sondern nur auf *dreitausend Juden*. Es gab keine Wunderzeichen am Himmel - die Sonne wurde nicht finster noch der Mond zu Blut. Auch fanden nicht alle Zeichen auf der Erde statt, etwa Blut und Feuer und Rauchsäulen.

Das bedeutet, daß Pfingsten eine frühe und unvollständige Erfüllung der Prophezeiung Joels ist. Die vollkommene Erfüllung wird bei der Wiederkunft Christi stattfinden. Sein Kommen wird durch die vorhergesagten Zeichen angekündigt, und die Ausgießung seines Geistes auf alle Menschen im Tausendjährigen Reich wird auf die Wiederkunft folgen.

Bemerkenswerte Geburten

Ein weiteres Beispiel für das „Gesetz der zweifachen Erfüllung" finden wir in dem berühmten „Jungfrauen"-Vers in Jesaja 7,14:

„Darum wird euch der Herr selbst ein Zeichen geben: Siehe, das junge Weib [hebr. almah] ist schwanger und gebiert einen Sohn, und sie gibt ihm den Namen Immanuel" (Zürcher).

Die Prophezeiung hatte offensichtlich eine aktuelle Bedeutung für König Ahas, nämlich, ein Kind wird geboren werden und den Namen „Gott mit uns“ erhalten, womit der nahe Sieg in Aussicht gestellt wurde. Bevor das Kind alt genug sein würde, um zwischen Gut und Böse zu unterscheiden, würde die syrisch-israelische Allianz zerbrechen, und innerhalb weniger weiterer Jahre würde das Kind sich vom Fetten des Landes ernähren (V. 15).

Doch die vollständige Erfüllung fand der Vers erst bei der Geburt Christi.

„Dies alles geschah aber, damit erfüllt würde, was von dem Herrn geredet ist durch den Propheten, der spricht: Siehe, die Jungfrau wird schwanger sein und einen Sohn gebären, und sie werden seinen Namen Emmanuel nennen, was übersetzt ist: Gott mit uns.“

Das Hebräische Wort *almah*, das Jesaja benutzt, läßt eine zweifache Erfüllung zu. Es kann „junge Frau“ oder „Jungfrau“ bedeuten. Doch das griechische Wort *parthenos*, das Matthäus verwendet, kann nur „Jung-frau“ bedeuten.

Einzüge in Jerusalem

Ein drittes Beispiel für eine zweifache Erfüllung findet sich in Psalm 118,26a:

„Gesegnet sei, der kommt im Namen des HERRN.“

An Palmsonntag, als Jesus in Jerusalem einzog, rief das Volk:

„Hosanna dem Sohn Davids! Gepriesen sei, der da kommt im Namen des Herrn“ (Mt 21,9)!

Doch wissen wir, daß diese Prophezeiung damit noch nicht erschöpft ist, weil der Herr Jesus in seiner späteren Klage über Jerusalem sagte:

„Denn ich sage euch: Ihr werdet mich von jetzt an nicht sehen, bis ihr sprecht: Gepriesen sei, der da kommt im Namen des Herrn“ (Mt 23,39)!

Die endgültige Erfüllung werden wir erleben, wenn der Heiland in großer Macht und Herrlichkeit auf die Erde wiederkommt, um über ein Volk zu herrschen, das ihn als Messias und König willkommen heißt.

Zerstörungen Jerusalems

Ein weiteres Beispiel für eine Prophezeiung, die zweimal erfüllt wird, ist die Zerstörung Jerusalems. Jesus sagte die Zerstörung der Stadt in Lukas 21,20-24 voraus. Seine Worte erfüllten sich offensichtlich im Jahr 70 n. Chr., als Titus und seine römischen Legionen die Stadt plünderten und den Tempel zerstörten. Doch die Leiden Jerusalems sind nicht nur Vergangenheit. Aus Offenbarung 11,2 geht hervor, daß die Heiden (so schlimm es ist, das sagen zu müssen) während der Drangsalszeit erneut die Heilige Stadt für 42 Monate zertreten werden.

Auflehnung gegen Christus

Psalm 2,1-2 wird in Apostelgeschichte 4,25.26 zitiert:

„Warum tobten die Nationen und sannen Eitles die Völker? Die Könige der Erde standen auf und die

Fürsten versammelten sich gegen den Herrn und seinen Gesalbten."

In Apostelgeschichte 4,27 werden die Worte auf die Kreuzigung Christi angewendet:

„Denn in dieser Stadt versammelten sich in Wahrheit gegen deinen heiligen Knecht Jesus, den du gesalbt hast, sowohl Herodes als Pontius Pilatus mit den Nationen und den Völkern Israels ..."

Dies war eine erste und teilweise Erfüllung der Worte des Psalmisten. Sie werden in noch größerem Ausmaß gegen Ende der Trübsal erfüllt werden, wenn sich die Herrscher der Welt in dem vergeblichen Versuch zusammenschließen werden, Christus davon abzuhalten, die Regierung über die Erde zu übernehmen.

Sammlungen Israels

Ein letztes Beispiel für das „Gesetz der zweifachen Erwähnung" findet sich in den Prophezeiungen, die die Sammlung Israels betreffen (Jes 43,5-7; Jer 16,14.15; Hes 36,8-11; 37,21). Diese Prophezeiungen wurden teilweise erfüllt, als ein Überrest der Juden aus der babylonischen Gefangenschaft nach Israel zurückkehrte, wie wir es in Esra und Nehemia berichtet finden. Doch die endgültige Erfüllung dieser Prophezeiung liegt noch in der Zukunft. Alle bisherigen Sammlungen betrafen nur einen Teil des Volkes. Während der Zeit der Trübsal Jakobs wird Gott sein auserwähltes irdisches Volk aus der ganzen Welt nach Israel heimführen (Mt 24,31; 5Mo 30,3-4; Hes

36,24-32; 37,11-14). Dann und erst dann werden die Prophezeiungen vollständig und endgültig erfüllt werden.

Anmerkungen

1.) Zusätzlich zu diesem Argument sollte man festhalten, daß das Wort „Völker" oder „Nationen" (*ethne*) auch sehr gut mit „Heiden" wiedergegeben werden kann und auch manchmal so übersetzt wird.

2.) Einige Bibelübersetzungen unterscheiden Hölle und Hades nicht. So etwa die Lutherübersetzung von 1984, wo Hades an vielen Stellen mit Hölle wiedergegeben ist. Hades ist Griechisch und steht für das Unsichtbare. Hölle entstammt einer germanischen Wortwurzel, das den hebräischen Namen *Gehenna* übersetzt. Um die Schrecken der ewigen Verdammnis seinen Zuhörern besonders plastisch vor Augen zu stellen, benutzte unser Herr den Namen eines Ortes, an dem ständig Unrat und Müll verbrannt wurde.

3.) Zerstören bedeutet hier nicht Vernichtung oder Verlust des Seins, sondern eher Verlust des Wohlseins oder die Nichterfüllung des Zwecks, zu dem ein Mensch oder ein Gegenstand geschaffen wurden. Die Weinschläuche in Mt 9,1 z. B. hörten nicht auf zu sein, sondern sie waren unbrauchbar für ihren Zweck.

4.) In latinisierter Form *Tartarus* geschrieben.

5.) Im Griechischen gibt es zwei Zeitformen, die in Befehlen oder Imperativen verwendet werden. Die eine betont ein einzelnes Ereignis oder eine einzelne Handlung (Aorist). Diejenige, die hier verwendet wird (Gegenwart), betont meist eine fortgesetzte oder wiederholte Handlung. „Werdet ständig erfüllt" ist hier eine mögliche Übersetzung.

6.) Vgl. Kapitel 19 zum Thema „Die Gemeinde und das Reich".

7.) Wörtlich übersetzt heißt es: „*etwas* größeres als", womit wahrscheinlich das Reich gemeint ist. Doch weil das Reich in der Person des Königs anwesend war, ist es berechtigt, von „*jemandem* größer als" zu sprechen.

8.) J. N. Darby wies darauf hin, daß die Gemeinde den *Mittler* des Neuen Bundes persönlich kennt, was besser ist, als direkt von diesem Bund betroffen zu sein.

9.) Dies beantwortet nebenbei die Frage: „Konnte Jesus sündigen?" Er konnte nur das tun, was er seinen Vater tun sah; und das schließt Sündigen absolut aus. Er tat nur solche Dinge, an denen sein Vater Gefallen hatte (Joh 8,29); und dies schließt Sündigen ebenfalls aus.

10.) Dieser Vers könnte sich ebenso auf seine moralische Herrlichkeit als Mensch auf der Erde beziehen, aber vorrangig bezieht er sich wohl auf seine Verklärung.

Buchempfehlungen

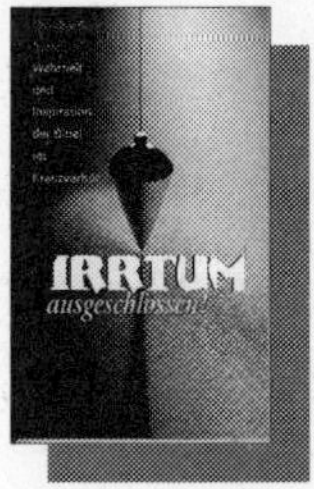

Charles C. Ryrie

Irrtum ausgeschlossen!

Wahrheit und Inspiration der Bibel
im Kreuzverhör
Taschenbuch, 108 Seiten
Best.-Nr. 273111
DM 7,80

Manche sagen, die Frage der Irrtumslosigkeit ist unwichtig, irrelevant oder unnötig für den Glauben. Dr. Charles Ryrie - viele Jahre als Professor für Systematische Theologie am Theologischen Seminar in Dallas tätig - sagt etwas anderes. Anhand überzeugender Fakten und Erläuterungen beweist er dem Leser, daß Gott es dem Menschen nicht gestattet, seine Botschaft umzudeuten, umzuleiten oder fehlerhaft wiederzugeben.
Die Bibel, und zwar die ganze Bibel, ist frei von Irrtümern. Man kann ihr vollständig vertrauen.

Alfred P. Gibbs

Anbetung

Ritual, Pflicht oder Vorrecht?
Paperback, 232 Seiten
Bestell-Nr. 273110
DM 19,80

Das Thema ist brandaktuell! Was ist Anbetung? Ein liturgischer Aspekt des Gottesdienstes, oder steckt mehr dahinter? A. P. Gibbs hat dieses Buch in der Überzeugung geschrieben, daß die Anbetung Gottes die wichtigste und höchste Tätigkeit eines Gotteskindes hier wie auch im Himmel ist.
Dieses Buch hilft jedem Gläubigen, in seinem Alltagsleben zu einer vertieften und erneuerten Anbetung Gottes zu kommen.

Christliche Verlagsgesellschaft, Dillenburg